中国古代流转税思想研究

徐信艳　著

上海交通大学出版社

内 容 提 要

本书从经济思想史的角度对中国古代的流转税思想进行研究。作者在梳理古代(公元前1066年～公元1911年)各历史时期的流转税政策、制度演变的基础上,结合思想家们关于流转税的精辟论述,来挖掘流转税在古代运行的一般规律和方法,以期对现实流转税制改革提供有益的思想资源和方法借鉴。

图书在版编目(CIP)数据

中国古代流转税思想研究/徐信艳著. —上海:上海交通大学出版社,2012

ISBN 978-7-313-09370-7

Ⅰ.中... Ⅱ.徐... Ⅲ.流转税—经济思想—研究—中国—古代 Ⅳ.F812.92

中国版本图书馆CIP数据核字(2012)第309718号

中国古代流转税思想研究

徐信艳 著

上海交通大学 出版社出版发行

(上海市番禺路951号 邮政编码200030)

电话:64071208 出版人:韩建民

同济大学印刷厂 印刷 全国新华书店经销

开本:787mm×960mm 1/16 印张:12.75 字数:262千字

2012年11月第1版 2012年11月第1次印刷

印数:1～2030

ISBN 978-7-313-09370-7/F 定价:40.00元

前　言

我国很长时间是一个以间接税为主体的国家，现在又处于经济发展和转轨的重要时期，深入研究中国古代社会流转税思想，结合具体历史背景挖掘流转税在古代运行的一般规律和方法，以期对建立当代流转税的理论分析框架和政策制度体系、对我国现实经济改革和税制改革提供有益的思想资源及方法借鉴。

本书从经济思想史的角度对古代的流转税思想进行研究。纵观中国古代流转税的发展历程，自西周时期就已存在了关市税和山泽税，在漫长的古代历史时期，流转税历经变迁，自形式至内容都发生了深刻的变化。而这一历史进程中所体现出的流转税思想的演变轨迹，涵括古代思想家们的精辟论述以及古代社会的制度变迁，无疑是中国传统经济思想的宝贵财富，对其进行梳理，更是对现代税收理论的丰富。

迄今为止，国内外学者对中国古代流转税思想的研究，尚未有专著出现，而是多散见于财政思想史与赋税思想史的研究成果之中。在此基础上，本书的创新之处主要体现为以下三点：①从经济思想史的角度，运用现代税收理论，去梳理中国古代流转税思想的演变过程；②将古代关市税和消费税整合至流转税制，进行全方位的深刻剖析；③从消费税思想的角度对中国古代的盐、茶、酒等消费品的专卖制度进行研究。

本书在组织、构架方面，遵循如下技术路线：对古代各历史时期的流转税具体税种思想分别进行梳理——将诸税种整合至流转税制进行税制思想研究——进一步对各历史时期的流转税与相关社会问题进行深入探讨并归纳出古代流转税思想产生的深刻背景及其影响。

由于本人学识水平有限，书中错误在所难免，恳请各位专家予以批评指正。同时，诚挚地感谢在本书写作过程中给予我大力帮助和支持的各位专家、师长、同学以及家人，谢谢你们！

徐信艳

目 录

第0章 导论 …………………………………………………… 1

第一节 问题的提出 …………………………………………………… 1

第二节 国内外的研究现状 …………………………………………… 2

第一章 先秦时期流转税思想 ……………………………………… 9

第一节 “关市讥而不征”思想 ……………………………………… 10

第二节 “寓税于价”消费税思想萌芽 ……………………………… 16

第三节 流转税制思想:关税、市税在流转税制结构中的冲突分析 … 22

第四节 评析 …………………………………………………………… 23

第二章 秦汉时期流转税思想 ……………………………………… 30

第一节 政治关税思想 ………………………………………………… 30

第二节 “市租”征收思想 …………………………………………… 33

第三节 “寓税于价”消费税思想的深化:消费品专卖的流行 ……… 38

第四节 消费税思想与重农抑商政策 ………………………………… 43

第五节 评析 …………………………………………………………… 49

第三章 魏晋南北朝时期流转税思想 ……………………………… 54

第一节 财政关税思想的萌芽 ………………………………………… 54

第二节 “估税”市税思想 …… 60
第三节 “寓税于价”消费税思想向通商思想的过渡 …… 63
第四节 流转税征收制度的变革:包税制 …… 66
第五节 评析 …… 68

第四章 隋唐、五代十国时期流转税思想 …… 72

第一节 财政关税思想的盛行 …… 73
第二节 “除陌钱”市税思想 …… 79
第三节 “一切通商”的消费税思想萌芽 …… 81
第四节 流转税制思想:对流转税税负公平问题的探讨 …… 88
第五节 评析 …… 92

第五章 两宋时期流转税思想 …… 96

第一节 关市税思想的共同演进:商税则例 …… 97
第二节 “一切通商”消费税思想的盛行 …… 102
第三节 流转税制思想:买扑制 …… 109
第四节 评析 …… 113

第六章 元朝流转税思想研究 …… 118

第一节 关税思想的演化:市舶课思想 …… 118
第二节 “住税”市税思想 …… 121
第三节 “一切通商”消费税思想的嬗变(1):专卖与收税并行 …… 123
第四节 流转税制思想:流转税征收中的法治思想 …… 125
第五节 评析 …… 127

第七章 明朝时期流转税思想 …… 131

第一节 财政关税思想的复兴 …… 131
第二节 交易税思想 …… 135

第三节 消费税思想的嬗变(2):开中制度 …………………………………… 138
第四节 流转税制思想:减轻流转税负担思想 …………………………… 143
第五节 评析 …………………………………………………………………… 146

第八章 清朝时期流转税思想 ………………………………………………… 150

第一节 财政关税思想向保护关税思想的演变 ……………………… 151
第二节 营业税思想的演变 …………………………………………………… 159
第三节 消费税思想的嬗变(3):纲法、票盐法 …………………………… 162
第四节 流转税制思想:流转税征收的理论依据 ……………………… 170
第五节 评析 …………………………………………………………………… 174

总论 中国古代流转税思想总考察及当代流转税制改革思考 ………… 181

第一节 对中国古代流转税思想的总考察 ………………………………… 181
第二节 中国流转税制改革的现实思考 …………………………………… 184

参考文献 ……………………………………………………………………… 189

第0章　导　论

第一节　问题的提出

一、税收的分类

对于税收,可以从不同的角度进行分类:按照课税对象的不同,可以分为流转税、所得税、财产税、资源税和行为税;按照税种是否可以转嫁,可以分为直接税和间接税;按照税收的不同计征依据,可以分为从价税和从量税;按照税种的隶属关系,可以分为中央税和地方税。但同时,划分税收的诸标准之间又不是截然对立的,有时还会有着密切的联系。这尤其体现于流转税和间接税上,虽然它们的划分标准不同,但大多数流转税都是可以转嫁的,因此,很多教科书中都将流转税划归间接税,甚至将两者几乎完全等同,这有其合理性。本书正是在遵循这一分类标准的基础上,既从课税对象入手,又注重税负的转嫁,来探讨和研究中国古代的流转税思想。

二、流转税的内涵

所谓流转税,从现代意义上讲,是指以流转额为课税对象的税收形式。这里的流转额通常包括两个部分:一部分是商品流转额,如企业的商品销售额;另一部分则是非商品流转额,如交通运输业、邮电通信业和服务行业的营业收入额。对流转额的课税具有两个特点:一是以商品生产和商品交换为前提；二是流转税课税额同商品价格密切相关，在税率既定的条件下，流转税额的大小直接取决于商品的价格水平和提供劳务的收入水平，而与成本、费用水平无关，即不论课税的商品有无盈利，只要发生了商品销售或者提供劳务的行为，那么就要对发生的流转额征税。现行流转税制主要是由增值税、消费税、营业税、关税等具体税种组成。

三、古代流转税的界定

流转税发生与发展的历史，是同商品生产和商品交换的发生与发展交织在一起的。根据前述理论和具体概念，在中国古代属于流转税范畴的主要有消费税、营业税和关税。其中，消费税主要指对某些大宗特定商品所课征的商品税，具体包括盐税、茶税、酒税、醋税等；营业税在古代又称市税；关税，分为内部关税和外部关税，而中国古代较为发达的为内部关税，它是我国各封建王朝流转税中经常收入的一个组成部分。关税和营业税在古代文献中通常被合称为“关市之征”。

第二节　国内外的研究现状

一、国外的研究

国外关于中国古代税收的研究主要见诸日本学者加藤繁和梅原郡。其中，加藤繁的《宋代商税考》(载《中国经济史考证》，吴杰译，商务印书馆 1963 年版)，梅原郡的《宋代商税制度补说》(《东洋史研究》1960 年第 18 卷第 4 号)是主要代表作，它们主要考证和梳理宋代“商税”。如加藤繁先生认为，商税在古代就是关市之征。这种关市之征有三种形式：一种是对通过关梁的商旅所课的税；一种是入市税；还有一种是市籍租，即对于在市中有店铺的商人所课的税。到了宋代，确立了过税、住税的制度，同时市籍之租似乎已不存在。他还根据《宋会要》指出，征税物品主要是布帛、什器、香药、宝货、庄田、店宅、马牛及茶盐之类。加藤繁先生认为，宋代商税征收机关，叫场或务，俗称场务。大概大的叫“务”，小的叫“场”。宋代在州府和军的治所都置有务，叫做都商税务或者都税务。县治，除了州府的附郭地方以外，一般都设有税务或税场。在县以下的镇、市、关、寨、渡等小都市、小聚落中，很多都置有税务或税场。这些税务、税场由监官来掌管。州、府治的税务，监官用文臣或武臣，有时文武臣各设一员。在县治以下的场务，监官多用武臣，监官之下还有许多胥吏。显然，在此无论是论述宋代的商税形式、征收对象还是征收机关，加藤繁都是基于经济史的角度，而他及梅原郡等学者所考证的商税在古代主要指住税和过税，同本书的流转税在内涵上有着明显的差异。

二、 国内的研究

1. 关于宋代商税的研究

继上世纪初日本学者加藤繁先生最早对宋代商税问题做了专门研究，国内一批学者相继对之展开探讨。迄今为止，共发表有关论文20余篇。另外，在多部经济史著作中也涉及到此问题。对相关论文和论著进行梳理，有关宋代商税问题的研究主要集中在以下几个方面：

1）宋代的商税制度研究

具体表现为四个方面：

(1) 关于宋代的商税形式。漆侠先生认为，宋代的住税和过税是传统商税中两种重要的形式，具有普遍意义（《宋代经济史》下册，上海人民出版社1988年版）。马润潮先生认为，一般而言，宋代有两种商税，即过税和住税或销售税（《宋代的商业与城市》，马德程译，中国文化大学出版部1985年版）。戴静华先生认为，商税在宋代分为住税和过税，住税为买卖交易税，过税为商品流通税。宋代还存在一种税引，经由税务据此一一收税或将本务应纳税钱批引，至住卖地由商人总纳（《宋代商税制度简述》，载《宋史研究论文集》，上海古籍出版社1982年版）。

(2) 关于商税征收对象及税率。漆侠先生认为，宋代包括金银铜钱在内，都是应当缴纳商税的。当时携带铜钱出外界要征商税，在国内携带往来也要征税，只有几种特殊情况免征商税(上引《宋代经济史》)。马润潮先生认为，宋代在运输或在市场销售时征税的商品有：布匹、米面、工具(铁制农具除外)、漆器、香料以及医药、珍珠、金银、房地产、牲畜等。在南宋时日用必需品如米、茶、盐等已免除捐税(上引《宋代的商业与城市》)。漆侠先生据《文献通考》指出，过税每千文算二十，住税为三十，两者共为五十，即商税税率为5%。但由于地方上税务林立，重复征税，使过税大于住税，致使商税税率大大高于5%(上引《宋代经济史》)。

(3) 关于宋代商税征收中的免税问题。漆侠先生认为，宋代的征税制度是针对五代时税收的混乱而制定的，因此对过去的税制有变革也有继承。五代时延续下来的许多无名苛敛先后被宋朝廷下诏免征，但对于农具、米面等物，宋政府屡免又屡复征，对农具、米面免税的诏令不过是口惠而实不至的空言(上引《宋代经济史》)。

(4) 有关宋代的商税征收机关。漆侠先生认为，宋代的商税制度形成了从都商税院到务场一个层层密密的商税网(上引《宋代经济史》)。宋晞先生认为，宋代的商税征收机关，在北宋开封和南宋临安府都设有都商税院；府、州、军都设有都商税务；县以至关、镇、市、寨则设置场或务(《宋代的商税网》，载《宋史研究集》第三辑，中国台湾国立编译馆中华丛书编审委员会1966年印行)。此外，戴静华先生也系统考察了宋代的商税制度(上引《宋代商税制度简述》)。

2) 关于北宋商税"旧额"时间以及税额中的铜铁钱比价问题

国内对北宋商税"旧额"时间做出考证的学者主要有林文勋、杨倩描、郭正忠等人。其中，林文勋先生认为，熙宁十年前的商税额应该是指景佑三年至熙宁五年这三十六年的税额(《北宋四川商税问题考释》，《中国社会经济史研究》1990·1)；杨倩描先生认为，北宋"旧额"时间应为嘉佑元年至熙宁元年之间(《北宋商税"旧额"时间考》，《中国史研究》1985·3)；郭正忠先生从德州德平县、博州明灵砦的建置与隶属的变动情况，从夔州路黔州信宁县、广西路桂州慕化县、西京颍阳县、北京清平县的县、镇升降变动情况等认为，这个旧统计额既不属于神宗熙宁头九年(1068～1076年)，也不属于英宗治平时期(1064～1067年),它大约是仁宗后期至和末、嘉佑初年(1056～1059年)的账(《铁钱与北宋商税统计》,《学术研究》1985·2),郭正忠先生后来进一步把"旧额"时间考订为嘉佑六年(《两宋城乡商品货币经济考略》,经济管理出版社出版,1997年版)。

国内关于北宋四川铜铁钱的比价问题的研究,主要见诸郭正忠《铁钱与北宋商税统计》(《学术研究》1985·2),贾大全《宋代四川经济述论》(四川社会科学出版社1985年版),林文勋《北宋四川商税问题考释》,马润潮《宋代的商业与城市》,宋晞《北宋商税在国计中的地位与监税官》(《宋史研究集》第5辑,1970年版),吴慧《从商税看北宋的商品经济》(《中国社会经济史论丛》第2辑,山西人民出版社1982年版),郭正忠《宋代川峡铁钱研究》(《宋史研究论文集》1984年年会编刊,浙江人民出版社1987年版)。

3) 关于商税与商品经济发展关系问题

一般认为,宋代商品经济有了空前发展,其重要标志之一是宋朝首次确立了一套系统的商税征税制度,高额的城乡商税收入成为国家财政的重要来源。那么,对于商税与商品经济之间的关系如何认识?如束世澂《论北宋资本主义关系的产生》(《华东师大学报》1956·3)试图由北宋商税总额推算出全国贸易总额,认为宋代商品经济已发展到了很高的程度。蒙文通《从宋代的商税和城市看中国封建社会的自然经济》(《历史研究》1961·4)则根据商税务的分布和坊场钱的征课办法、商税分布所反映的商品流转情况等方面,认为宋代商税反映出当时不存在着大规模的商品流转,商品交换一般只在狭小的区域内进行,宋代仍然是自然经济占统治地位的时代。对此,王瑞明《关于宋代的商税问题》(《光明日报》1961·10·25)认为商税额的高低并不能反映商品流通规模大小,流转的商品并非都经过纳税的程序。这些不同意见反映了论证方法的差异。郭正忠《商税、斗称、宋代市场——宋代市场小议》(《中国经济史研究》1996·2)认为,考虑商税与市场贸易额时,若按"市场商品流通量＝商税总额÷商税征收率"计算,则宋代市场商品流通量相当于政府商税收入额的20倍,这样的计算就不免偏高;若按"市场商品零售额＝商税岁额÷商税额占商品零售额比例"计算,虽然较前一种计算方式合理，但又忽略了政府实施的商税征收率这一重要因素。这两种方法都有待进一步完善。

商税与社会经济的联系，还包括商税与“重农抑商”、与明清资本主义萌芽的关系问题。如孟昭信《封建政权摧残和压制了资本主义萌芽》(《史学集刊》1982·2)指出，明清时期从中央到地方推行抑商政策，不仅对商业和手工业课以重税，而且经常进行额外勒索，这严重阻碍了商业资本向工业资本、手工作坊向手工工场的发展和转化。

2. 关于其他历史时期商税的研究

对于其他历史时期商税问题的研究，不象对宋代的研究那样集中于某一方面进行深入的学术探讨，而是显得比较零星和散乱，就笔者手中所掌握的资料，主要有以下相关研究成果：

1) 有关秦汉时期的商税研究

黄今言在《秦汉末业税问题的探讨》(《江西师范大学学报》(哲社版)1985·1)中着重论述了秦汉时期有关市租的征收办法、税率的测度以及关税在汉代的开征时间和关税政策；王亚春《汉代关税小考》(《山西大学学报》1997·3)从探讨汉代关禁制度入手，对汉代关税产生时间、税率做了考释，认为关税是货物税而非人头税，汉代关税税率在10%～50%之间，高税率是由于重复设关的累进税制造成的，可能与汉中叶抑商政策有关；冷鹏飞在《汉代市租考》(《中国史研究》1996·3)中认为，市租就是对商贾所征收的市场交易税，高敏在《汉代赋税制度考释》(载于高敏《秦汉史论集》，中州书画社，1982·8)中认为，市租是关于工商业主的营业税，而王刚在《汉代‘市租’新探》(《中国社会经济史研究》2000·4)中提出了不同的见解，认为西汉时的市租是作为一项市场管理税来征收的。

2) 有关唐五代的商税研究

在日本学者日野开三郎《唐代商税考》(《社会经济史学》第36卷第6号，1965年出版)的基础上，国内学者张邻、周殿杰发表了《唐代商税辨析》(《中国社会经济史研究》1986·1)，认为唐代前期封建国家是征收商税的，其比重也随着商业的繁荣在政府财政收入中日趋增加，至肃、代之际，已成为唐政府的主要税源，并且唐代商税的征收不纯粹是一个经济问题，而是与政治斗争密切相联；陈明光在《唐五代‘关市之征’试探》(《中国经济史研究》1992・4)中认为，在唐代后期，经朝廷允准而合法开征的“关津之税”，其课征对象及课征时间都相当有限，是否存在着合法的“市肆之税”还是疑问，方镇非法擅征的关市之税虽然存在，但其涉及的时空范围估计太大；林立平在《唐宋时期城市税收的发展》(《中国经济史研究》1988・4)中对唐宋时期的城市税收，主要是城市的商税做了深入的考察，认为唐代的商税与古代的关市税是一脉相传的，不过是古已有之的旧制经过唐前期冷落后的渐渐复兴和发展而已；针对这一时期出现的“除陌”现象，亦出现了相关的学术论文，如陈明光的《唐代‘除陌’释论》(《中国史研究》1984・4)、杜来陵的《唐代‘除陌’商探》(《中国史研究》1991・1)、陈明光的《再论唐代的‘除陌’》(《中国史研究》1992・2)。

3) 有关元代的商税研究

陈高华的《元代商税初探》(《中国社会科学院研究生院学报》1997・1)对元代“汉地”赋税制度的来源与商税的种类、内容、收入，以及统治者为保证商税足额所采取的政策进行了论述。他认为，元代商税是一种交易税，它只有住税而无过税，商税是三十取一，商税收入主要来自全国三四十处大中城市，但在财政收入的钱钞部分中占有重要地位，其重要性仅次于盐课。

4) 有关明朝的商税研究

李龙潜《明代钞关制度述评—明代商税研究之一》(《明史研究》第4辑)主要对明代的过税进行了研究，而在《明代税课司、局和商税的征收—明代商税研究之二》(《中国经济史研究》1997・4)中又对明初商税政策、市场管理，明代税课司、局的沿革，明中叶以后商税征收制度的演变等问题进行了深入探讨；姜晓萍《明中后期对商税官的监察和管理》(《中国史研究》1996・3)认为，随着明中后期商品经济的发展，商税收入逐渐成为国家财政收入的重要组成部分，为了保证国家对商税征收的领导和控制，明政府在建立和健全税务管理机构的同时，尤其重视对商税征榷官的监察和管理，主要体现在行政控制、法律规范和经济稽查三个方面。

5）有关清朝的商税研究

许檀、经君健《清代前期商税问题新探》(《中国经济史研究》1990·2)认为，清代前期商税大幅度增长，其中，属于流通税的部分约占商税总额的90%以上，因此，商税的增长与流通领域密切相关；有关这一时期的钞关、海关税收的探讨较多，有的学者还采取了个案研究的分析方法，如吴建雍的《清前期榷关及其管理制度》(《中国史研究》1984·1)、李金明的《清代粤海关的设置与关税征收》(《中国社会经济史研究》1995·4)、戴和的《清代粤海关税收述证》、(《中国社会经济史研究》1988·1)；有关厘金的探讨主要见诸戴一峰《论晚清的子口税与厘金》(《中国社会经济史研究》1993·4)，认为晚清的子口税与厘金关系微妙，两者在咸丰年间相继产生，此后则一直处于互为消长的关系中，反映出晚清中央与地方财政关系演化的复杂背景。

3. 关于古代流转税思想的研究

国内外从经济思想史的角度对中国古代流转税思想进行系统研究的尚未有专著出现，而涉及古代流转税思想的，多散见和夹杂于财政思想史与赋税思想史的研究成果中，如胡寄窗、谈敏的《中国财政思想史》(中国财政经济出版社，1995)、孙文学的《中国赋税思想史》(中国财政经济出版社，1995)，其中都有对古代的关税思想、消费税思想和市税思想的介绍；相关论文较少，如汤标中的《李觏‘一切通商’的商业观》(《河南商学院学报》1998·5)、《先秦时期盐业管理思想初探》(《江西师大学报》1996·1)、陶用舒的《陶澍‘盐课商办’述评》(《盐业史研究》1996·2)、《十九世纪改良派‘裁厘加税’思想述论》(《中山大学研究生季刊》2000·4)、谷儒堂的《简论马建忠保护关税思想》(《海关研究》1990·4)。

第一章　先秦时期流转税思想

流转税收是一个经济范畴，也是一个历史范畴。它是人类社会发展到一定阶段的产物。它萌生于生产力的发展和剩余生产物的出现，孕育于农业生产，发展于商品交换的过程，它的产生经历了一个漫长历史过程。

在中国古代氏族社会后期，就已经有了多种门类的手工作坊，在部落之间，发生了交换行为。但在生产力低下、工具简陋的情况下，用于交换的物品是十分有限的，而且交换来的物品，多系本族缺少的，也就是说，是属于"以其所有，易其所无"，为满足本部落日常生活需要的活动。这时的社会正如古书所描绘的，是"穿井而饮，耕田而食。日出而作，日入而息。……不竞不营，无荣无辱"。"势利不萌，祸乱不作；干戈不用，城池不设"。"身无在公之役，家无输调之费"①。进入奴隶社会后，由于奴隶被投入到农业和手工业等生产领域，不仅农业有了很大发展，手工业和商业也逐渐发展起来，但这时的手工业和商业都为奴隶主贵族所垄断，不论工业或商业都是为贵族所服务的，这就是古书上说的"公食贡，大夫食邑，士食田，庶人食力，工商食官"②。所以这时的财政征取主要是田地出产物，以及与土地有关的山林川泽等自然物品的贡纳，基本上属于农产品的范围；对于流通领域的产品，原则上实行"市廛而不税，关讥而不征"③的政策。

---

① 《抱朴子·诘鲍》。

② 《国语·晋语》。

③ 《周礼·王制》。

尽管在先秦时期(公元前 1066～前 221 年),国家的流转税活动还比较原始,对流转税问题进行深入理论探讨的实践条件还不成熟;当时文化也极不发达,人们的思想言论还不能随时被转化为文字材料,但是从零星的有关思想家言论的记载和流传下来的这一时期赋税制度的资料中,还是能梳理出这一时期可贵的流转税思想财富。

第一节 "关市讥而不征"思想

关税和市税在古代往往被合称为"关市之税",而"关市讥而不征"则是先秦时期许多政治家、思想家所推崇的一个薄税敛口号。

一、管仲、晏婴的"关市讥而不征"思想

管仲不仅重视农业生产,而且也重视发展工商业。管仲青年时代经过商,对商业的作用意义有着亲身的体验。齐国又是有着悠久重商传统的国家,西周初年,姜太公治齐时就"通商工之业,便鱼盐之利"[①],"劝其女工,极技巧,通鱼盐"[②]。使齐国臻于富强。鱼盐是齐国特产,为其他内陆国家所必需。管仲和太公一样,充分利用齐国这一资源优势,"通货积财,富国强兵"。[③] 用齐国所特产的鱼盐交换其他诸侯国的产品,吸引外国商人,繁荣齐国经济。为了促进齐国与诸侯国之间的贸易,管仲在齐国实行"关市讥而不征"的税收政策。讥,是检查、盘问。"关市讥而不征",即商人在齐国经商往来,通达关卡和进入市场,均不征税,只对人员和货物进行检查。"通齐国之鱼盐于东莱,使关市讥而不征,以为诸侯利,诸侯称广焉"[④]。司马迁认为,齐桓公称霸诸侯,重要原因就是由于管仲继承和发展了姜太公的工商富国政策。管仲的"关市讥而不征"政策,促进了齐国工商业的发展。整个先秦时

---

① 《史记·齐太公世家》。
② 《史记·货殖列传》。
③ 《史记·管晏列传》。
④ 《国语·齐语》。

期，齐国的工商业一直比较繁荣，国势一直比较强大，“齐富强至于威宣”[1]，在很大程度上得力于管仲的经济政策。

春秋后期的晏婴主张，为了维护奴隶主阶级的统治，国家应“俭于籍敛”[2]，赋税要实行“薄敛”[3]原则。这一原则是春秋末年思想家们的普遍主张。但是，薄敛的标准是什么？赋役在什么限度内属于薄敛？则是前人没有明确论述的问题。晏婴在历史上第一次提出了薄敛的具体要求，即“使令不劳力，籍敛不费民”[4]，使令，指征发徭役。“使令不劳力”，就是要求徭役的征发、使用不应使百姓疲劳不堪；所谓“籍敛不费民”，就是国家赋税不能费尽百姓的资财，赋税不应成为百姓不堪负担的费用。晏婴认为，君主应“节取于民”[5]，赋役不应使百姓“财屈力竭”[6]，这就是晏婴提出的薄税敛的基本标准。可贵的是，晏婴进一步提出了实现这一原则的一些具体薄敛政策，其中尤为强调的是“关市讥而不征”、“关市省征”[7]，即关卡、市场只检查不征税，或少征税。

二、孟子的“去关市之征”思想

同晏婴一样，孟子亦将薄税敛作为赋税征收的基本原则，并将其作为仁政思想的重要内容：“王如施仁政于民，省刑罚，薄税敛，深耕易耨，壮者以暇日修其孝悌忠信，入以事其父兄，出以事其长上，可使制梃以挞秦楚之坚甲利兵矣”[8]。孟子充分肯定国家赋税剥削的合理性，但同时他又指出，国家赋税不应侵犯百姓的恒产，不应该影响百姓养家糊口。这样，孟子就从他的恒产论出发，为国家赋役剥削确定了一个界限，即百姓提供赋役之后，必须保

---

① 《史记·货殖列传》。
② 《晏子春秋·内篇·问上》。
③ 《晏子春秋·内篇·杂下》。
④ 《晏子春秋·内篇·谏上》。
⑤ 《晏子春秋·内篇·问上》。
⑥ 《晏子春秋·内篇·谏上》。
⑦ 《晏子春秋·内篇·问上》。
⑧ 《孟子·梁惠王上》。

证他们能够拥有“仰足以事父母，俯足以畜妻子”的生活必需品，也就是拥有现代政治经济学意义上的养活劳动者及其家庭的必要劳动产品。

从这种薄税敛原则出发，孟子在关市税方面的主张是，“去关市之征”①，即去掉关卡上对往来商旅和市场上对买卖活动的征税。主张“关市讥而不征，泽梁无禁”②，关卡和市场上只检查不征税，山林和水产资源任百姓开发，国家不予禁止。他认为关卡征税是后世产生的一项暴政：“古之为关也，将以御暴；今之为关也，将以为暴”③。他把“关市讥而不征”看作是仁政的一项具体内容，认为不收关市之税，有利于招徕天下商旅，从而实现“王天下”的目的：“市，廛而不征，法而不廛，则天下之商皆悦而愿藏于其市矣；关，讥而不征，则天下之旅皆悦而愿出于其路矣……廛无夫里之布，则天下之民皆悦而愿为之氓矣”④。不过，孟子并不一概否定商品流转税，对少数垄断市利的商人，他还是不反对向他们征税的：“古之为市也，以其所有易其所无者，有司者治之耳。有贱丈夫焉，必求龙断而登之，以左右望而罔市利。人皆以为贱，故从而征之。征商自此贱丈夫始矣。”⑤

三、 反对“关市讥而不征”的思想言论

1. 墨子论关市税征收的合理性

墨子对当时的农业税和商品流转税都采取了承认和肯定的态度，他说：“今农夫入其税于大人，大人为酒醴粢盛以祭祀上帝鬼神”⑥，“士君子竭股肱之力，亶其思虑之智，内治官府，外收敛关市山林泽梁之利，以实仓廪府库，此其分事也。”⑦在墨子看来，向国家纳税是百姓的职责，向百姓征税则是士

---

① 《孟子·藤文公下》。
② 《孟子·梁惠王下》。
③ 《孟子·尽心下》。
④ 《孟子·公孙丑上》。
⑤ 《孟子·公孙丑下》。
⑥ 《墨子·贵义》。
⑦ 《墨子·非乐上》。

君子的职责。

墨子进一步从小生产者的立场、观点出发，对关市税的作用进行了分析。他认为，士君子“收敛关市山林泽梁之利”的用途主要体现在以下四个方面：第一，用于制作酒醴粢盛，祭祀上天和鬼神。小生产者由于经济地位低下，不能支配自己的命运。对个人无力抗拒的自然力量和社会力量往往产生迷信，墨子也是这样。他认为，鬼是人类社会的主宰，它们不但能惩治下民百姓，也能惩治国家统治者。统治者必须敬顺天意，尊事鬼神。祭祀天、鬼神所需要的酒醴粢盛之财，就是靠百姓所纳赋税提供的。第二，用来“为环璧珠玉，以聘挠（交）四邻”[①]，结交诸侯。墨子主张“非攻”，即反对诸侯之间的征霸战争，连续不断的兼并战争给人民带来沉重的灾难。战争不仅消耗大量的资财，而且屠杀大量人口，最受其害的当然是小生产者劳动群众。墨子坚决反对这种战争。他主张天下、国家、人民，都应该兼相爱、交相利，不应该互相残杀。他要求诸侯大夫能够“视人家为其家”，“视人国为其国”，“国与国不相攻，家与家不相乱”[②]。国家之间能够以“环璧珠玉”相交往，就可以作到“诸侯之冤不兴矣，边境甲兵不作矣”。进行这种国际交往所需用的财物，当然要靠赋税来提供。第三，用来“食饥息劳，持养其万民”[③]，小生产者是劳动者，他们整天起早贪黑地劳动，却常常食不果腹，衣不蔽体，经不起天灾人祸。他们希望国家能成为超自然的天、鬼的代表，给他们以物质上的帮助。墨子指出，当时百姓有三大忧患：“饥者不得食，寒者不得衣，劳者不得息。”[④]每个国家统治者都应该努力解决百姓这三大忧患：“必使饥者得食，寒者得衣，劳者得息。”[⑤]只有“国家富，财用足”，才可能使“百姓皆得暖衣饱食”[⑥]，这也要靠国家赋税积累起来的财富来供应。小生产者希望国

① 《墨子・天志中》。
② 《墨子・兼爱上》。
③ 《墨子・天志中》。
④ 《墨子・非乐上》。
⑤ 《墨子・非命下》。
⑥ 《墨子・天志中》。

家能真正把从他们身上征敛的财富用于食饥息劳、将养万民上。第四，用来“怀天下之贤人”[①]。墨子认为，要达到国富、民众、刑治的目的，国家必须任用贤能之士。他所谓的贤能之士，是指能代表小生产者利益进行统治的人。所以他主张用人不拘一格，“虽在农与工肆之人，有能则举之”[②]。要使贤能之士踊跃为国效力，对贤能之人必须“高予之爵，重予之禄”[③]，“般爵以贵之，裂地以封之。”[④]并强调指出，“高爵而无禄，民不信也”[⑤]。赏赐贤能的俸禄，小生产者当然也愿意用他们所提供的赋税来供应。

因此，墨子认为，征敛关市税，以实官府，具有十分重要的意义，是一件关系国家富强治乱的大事：“贤者之长官也，夜寝夙兴，收敛关市山林泽梁之利，以实官府。是以官府实而财不散……故国家治则刑法正，官府实而万民富，上有以絜为酒醴粢盛，以祭祀天鬼，外有以为皮币，与四邻诸侯交接，内有以食饥息劳，将养其万民，外有以怀天下之贤人。是故上者天鬼富之，外者诸侯与之，内者万民亲之，贤人归之，以此谋事则得，举事则成，入守则固，出诛则强。”[⑥]

2. 商鞅的“重关市之赋”思想

商鞅认为：“国之所以兴者，农战也。”[⑦]农业发展和军事力量强大，这是称霸诸侯的最根本的手段。他认为战国时代的特点是“强国事兼并，弱国务力守”[⑧]。农战关系到国家的强弱存亡，所以，国家的赋税政策必须为农战服务，国家要通过自己的赋税政策，使百姓“喜农而乐战”[⑨]。因此，赋税在商鞅的思想里，主要不是聚敛的工具，而是国家用来调节百姓利益、推行农战政

① 《墨子·尚贤中》。
② 《墨子·尚贤上》。
③ 《墨子·尚贤上》。
④ 《墨子·尚贤中》。
⑤ 《墨子·尚贤中》。
⑥ 《墨子·尚贤中》。
⑦ 《商君书·农战》。
⑧ 《商君书·开塞》。
⑨ 《商君书·一言》。

策的一个有力的奖惩手段。

在这一为农战服务的赋税思想的指导下，商鞅主张减少农业税，加重对商人的征税和一切非农业活动的赋役。他指出："欲农富其国者，境内之食必贵，而不农之征必多，市利之租必重。"[1]商鞅认为，士、工、商不仅不生产粮食，而且消耗大量的粮食，他们就象庄稼的害虫一样，"春生秋死，一出而民数年不食"，是农业生产的大敌。他们不仅白白消耗大量粮食，而且影响农民的劳动积极性。游士凭口舌可以取得高官厚禄，商人靠做买卖可以发家致富，手工业者凭自己的技艺可以养家糊口，农民看到士、工、商这三者的职业既轻松，又有利，他们就会抛弃农业生产，"乐学、事商贾、为技艺，避农战"[2]，农业生产就不可能得到发展。因此，国家就必须采取措施抑制工商业活动，加重一切非农业活动的赋税，特别是重征关市税。国家以税收的形式把商人的绝大部分利润甚至全部利润征到国家手里，这样经商就变得无利可图，甚至不如务农有利，农民就不会弃农经商，商人也会放弃商业而从事农业生产，这就会促进土地的开垦和农业的发展："重关市之赋，则农恶商，商有疑惰之心。农恶商，商疑惰，则草必垦矣。"[3]对商人所经营的酒肉等生活必需品，更应该加重其赋税，使其价格高出其成本十倍。这样，既征走了商人的绝大部分利润，又抬高了酒肉的价格，使商人卖不出去，官僚、农民买不起。这一切都有利于农业生产："贵酒肉之价，重其租，令十倍其朴。然则商贾少，农不能喜酣奭，大臣不为荒饱。商贾少，则上不费粟；民不能喜酣奭，则农不慢，大臣不为荒饱，则国事不稽。"[4]

商鞅认为，对商业等非农业活动实行重征，就会使"民不得无去其商贾技巧而事地利"[5]，迫使百姓离开工商业而转向农业，这就会促进农业生产的发展。

---

① 《商君书·外内》。
② 《商君书·农战》。
③ 《商君书·垦令》。
④ 《商君书·垦令》。
⑤ 《商君书·垦令》。

第二节 “寓税于价”消费税思想萌芽

古代消费税最初萌芽于山泽之赋，即对山林川泽湖池的出产品所征的税，包括河、湖、池、泽出产的鱼，池、海出产的盐，从山林砍伐的薪、树木，猎人捕获的野兽的皮、角、齿，捕获的山禽的羽毛；从山林中采挖的葛，割取的茅草、蒲苇等，都列入征收之列。这里面自然包括对百姓日常消费品的征税。山泽税起源于何时，史家说法也不一致。据史书记载推测：可能始于大禹统治时期。由于大禹治水的成功，人民生活安定下来，农业、狩猎和畜牧业有了新的发展，要求各地向国家(或部落首领)缴纳一定的农副产品，这应该是合理的，也是氏族成员所愿意的，由此可以认定是山泽之赋的开始。这种贡纳，可能一直被沿用下来，《左传》上记载有这样一件事，周惠王二十一年(公元前656年)楚成王因为没有贡献供周天子祭祀用的茅草，犯了罪，招致诸侯的讨伐。“齐侯以诸侯之师侵蔡，蔡溃；遂伐楚……尔贡包茅不入，王祭不共(供)，无以缩酒，寡人是征。”①至于各地供的数量，据说有一定规定：“天子班贡，轻重以列，列尊贡重，周之制也。”②具体数字，史无记载。国家从各地征收的物品，据说是“致邦国之用”，《周礼》还把它分为九类，即祀贡、嫔贡、器贡、币贡、材贡、货贡、服贡、游贡和物贡等九贡③，实际上就是前面列举的包括吃、服、用、玩好等几大类物品。当然，这些都取之于民，用之于奴隶主贵族，但在征课范围上，先限于邦畿，后诛求于邻近小国；在使用方向上，先主要用于祭祀，后来有部分转为“国用”。

对包括消费品在内的山泽产品的管理，这时已经有了“国家专营”和“与民共财”这两种不同的主张和作法。《礼记·王制》记载中提到“名山大泽不以封”，“泽梁无禁”，都反对国家对山泽出产的控制；《左传·襄公十一年》

---

① 《左传·僖公四年》。

② 《左传·襄公四年》。

③ 《周礼·天官·大宰》。

载，同盟于亳时，又提出“毋壅利”。这都是针对周厉王专利而发的。厉王即位三十年，好利，将山林川泽之利归王所有，引起国人暴动，厉王下台了。但至春秋时期，仍有将山泽之利归由国家控制的，如昭公二十年，晏子言：“山林之木，衡鹿守之，泽之萑蒲，舟鲛守之，薮之薪蒸，虞侯守之，海之盐蜃，祈望守之”。总之，春秋时期的山林川泽之利，有的为国家控制，有的为国家征税，并主要集中于盐、酒、谷物等日常消费品上。思想家们注意到任何税收，如房产税、丁口税、畜牧税，尤其是对消费品直接征收的税，都有破坏作用，都不利于百姓的生产和国家的安定，于是，在对消费品征收直接税的基础上提出了新的课征方式。并在实践中充分发挥消费税对百姓的消费、生产所起的经济杠杆作用。提出这些主张的典型代表便是商鞅和《管子》。

一、 商鞅的消费税思想

商鞅的消费税思想源于他的消费观念，而他的消费思想主要有以下几个方面：

1. 全民归农，勤动不息，上下均可富裕

商鞅说：“民壹农，其家必富，农则易勤，勤则富。”[①]“壹之农，然后国家可富。”[②]“民不逃粟，野无荒草，则国富，国富这强。”[③]农业在整个古代，是最重要的产业部门。把农业生产视作消费的基础，把发展农业生产视作改善人们生活、使国家富裕的基础，反映了古代人正确的思路，也反映了古代经济的重要特点。

但是我们不能相信商鞅在从事如他所说的富民事业。他认为富生淫、骄、奸，因而难治，而贫生朴、卑、诚，因而易治，因此，他绝非真心指望百姓富裕。他的经济理论是专制主义的经济理论，他的经济政策是专制主义的经济政策。他反对足民，主张作到“农无积粟”，致使广大农民处于一种不死不

---

① 《商君书·壹言》。
② 《商君书·农战》。
③ 《商君书·农战》。

活的生活水准，因为贫穷、懦弱，赏罚才得以贯彻，国家才能富强。他把民众事实上当作实现秦王霸业的工具，他用刑法迫使每个人奋力从事农业生产，用复身免役刺激农民耕作，同时用入粟买官爵等手段使富者贫。如此操作人们的吃穿住行，使专制主义政治得以真正实施。所以，勤于农业生产，目的是使专制主义国家富强，并非富民。

2. 建立以粮食和布帛为基本内容的消费结构

商鞅是农战政策的极力鼓吹者。粟帛数量几乎是富裕的唯一的经济统计指标。工商业遭到严重歧视，工业产品斥为奇巧淫技，商贾贩运斥为妖艺，加上贱文学之士、禁声色等，以至粮食生产和家庭纺织业成为国内唯一合法的产业。与这种产业结构相适应，是根据自然条件，人口构成等确定的丰富多彩的消费结构简单化了，在愚民政策下，谈不上健康的精神生活，在重农抑商政策下，工业产品和商业流通不可能得到长足发展。所以，商鞅的消费结构思想是比较原始、粗俗和野蛮的。

3. 操纵民众消费水平

商鞅认为，民之本性，饥而求食，劳而求逸，苦则求乐，辱则求荣。为人主的，关键在于要“操名利之柄”，支配他们，这叫权术。《去强》写道：“治国能令贫者富，富者贫，则国多力，多力者王。”

在以上消费思想的指导下，商鞅充分利用高税收政策，打击各种奢侈行为，集中表现在他对酒、肉等消费品的控制上，“贵酒肉之价，重其租，令十倍其朴”[①]，通过提高价格的方式加重对商人的征税，既征走了商人的绝大部分利润，又抬高了酒肉的价格，使商人卖不出去，官僚、农民买不起，这一切都有利于农业生产。这些具体政策的运用充分反映出商鞅主动运用税收杠杆制裁消费者、调节经济结构的进步思想。

二、《管子》中的消费税思想

《管子》中有关消费税的主张，主要有以下内容：

---

① 《商君书·农战》。

1. 征税对象的错误选择和高税率政策会对生产造成极大的破坏

关于这一方面,《周礼》、《尚书》等著作早有论述。而《管子》论述得更加鲜明、深刻:"欲籍于房屋,是毁成也,欲籍于万民,是隐情也,欲籍于六畜,是杀生也,欲籍于树木,是伐生也。"[①]房产税、丁口税、畜牧税、森林税等各种取得财政收入的方式都会给生产的发展带来消极的影响,不利于社会经济的繁荣,"夫以室庑籍,谓之毁成;以六畜籍,谓之止生;以田亩籍,谓之禁"[②],都有破坏作用。

2. 提倡通过"官山海"、"正盐策"来获取消费税收入

《管子》认为,封建国家在财政问题上要"见予之形,不见夺之理"。封建国家的财政收入,不管采用什么方式和手段,都是对广大劳动人民的剥削和掠夺。与此同时,他们也认识到:"民予则喜,夺皆怒,民情皆然"[③],从心理角度看,对给予自己什么总是高兴的,而对夺走什么总是不满的。这样,在财政收入上的只夺不予就必然引起这种或者那种形式的抵制和反抗,"此盗暴之所以起,刑罚之所以众也"[④]。这就带来了一个难题:一方面,封建国家必须取民才能获得和增加财政收入,否则国家政权是无法维护的;另一方面,夺民或取民又要避免被夺者的反感。《管子》否定直接征收赋税以取得财政收入的作法,认为也是强制性的夺,其结果是"下怨上而令不行"[⑤]。它认识到,只有通过商品交换的形式进行予和夺,才能作到"见予之形,不见夺之理"。因为在商品交换中,予和取是必须直接联系在一起的,占有别人的商品是夺或取,让渡自己的商品则是予。任何一次的"取"(夺)得商品,都必须有相应的"予"即付出代价。在这种形式下的"取"或"夺",确实是"见予之形,不见夺之理"。所以,《管子》主张,封建国家要作为商品

① 《管子·揆度》。
② 《管子·揆度》。
③ 《管子·国蓄》。
④ 《管子·臣乘马》。
⑤ 《管子·轻重乙》。

生产流通活动的直接担当者进入市场，通过国营商业向百姓销售商品的形式，巧妙地寓税于价而“不见夺之理”，从国营工商业利润中获得大量的财政收入。这种隐蔽的不易察觉的“夺”，表面上看来是一种商品交换关系，国家并没有象强制征税那样夺而不予，而是在交换中也“予”了百姓一定的东西。

在“见予之形，不见夺之理”这一财政收入原则的指导下，《管子》提出了“官山海”和“官天财”的主张。在自然经济占统治地位的中国封建社会，男耕女织，自给自足。重要的生产资料和生活资料，只有盐和铁消费品是农民无法自给自足的，需要依靠市场上的商品交换来解决。因此，“官山海”和“官天财”的主要对象是盐和铁。《管子》对垄断盐、铁作了较为细致的分析，认为食盐是人民生活所必须的消费品，“十口之家，十人食盐；百口之家，百口食盐”[①]，“恶食无盐则肿”[②]。按照《海王》篇的作者估计，一个拥有一千万人口的国家，如盐价每升提高二钱，则每天就可多收入二百万钱，一个月则为六万钱，而“月人三十钱之籍”，则不过钱三千万。铁也是手工业、农业和家庭生活的必需品。“一女必有一针、一刀，若其事立；耕者必有一耒、一耜、一铫，若其事立；行服连轺辇者，必有一斤、一锯、一锥、一凿，若其事立。不尔而成事者，天下无有。”[③]因此，封建国家垄断了盐铁资源，就可以“去其田赋，以租其山”[④]，通过加价的办法寓税于价，以增加国家财政收入。从表面上看不征税，不会引起人们的反对。实际上，“人无以避此者”，“无不服籍者”[⑤]。更重要的是，国家直接经营盐铁，使地方诸侯、富商大贾失去控制市场的工具，是对他们的有力打击。

《管子》还认为对盐和铁的垄断方式要有所不同。对盐，封建国家不仅要垄断其流通，实行专卖，而且也要控制其生产，只能由封建国家组织人力

---

① 《管子·海王》。
② 《管子·地数》。
③ 《管子·海王》。
④ 《管子·山国轨》。
⑤ 《管子·海王》。

“伐菹薪煮沸水以籍于天下”[①]，而不允许民间百姓“聚佣而煮盐”[②]。对铁，封建国家只在流通方面加以垄断，而不要直接经营铁的生产，因为这对封建王朝并不有利。

对山林薮泽的产品，《管子》也主张封建王朝进行垄断控制。例如，他们提出要禁止民间种树，认为树木长在田边地角，“谓之谷贼”，会影响粮食的产量；房屋四周只许种植桑树，如种其它树木，便会“害女功”。这样，国家掌握了山林资源，就可以设立树木的大小，设立不同等级标准，向砍伐的百姓收费。

其实，在《管子》以前就有国家封禁山泽的主张和实践，但有的是出于限制农民在农时入山泽采伐捕捞，以免影响农业生产；有的是借以垄断某些贵重自然资源（如金、玉等）的采集，以保证贵族的享用特权；也有的是借以对从事有关生产活动的人征收赋税，以增加国家的财政收入。而《管子》中“官山海”、“正盐策”的政策主张无疑是出于增加国家财政收入的目的，通过国家政权对某些日用消费品实行垄断经营和专卖，寓税于价，达到“见予之形，不见夺之理”的境界。

3. 将消费税作为经济杠杆来抑制奢侈行为

《山国轨》写道：“巨家重葬其亲者服重租，小家菲葬其亲者服小租；巨家美修其宫室者服重租，小家为室庐者服小租。”这种利用税收杠杆遏制奢侈、消费的思想，不禁使我们想起几千年后的古典经济学家威廉·配第。

在配第时代，英国正处于资本主义工场手工业建立并迅速发展阶段，为了加速资本主义发展，资本积累受到特别重视。马克思写道：“节俭啊，也就是不断地把尽可能多的剩余价值或纯产品重新转化为资本！积累而积累，为生产而生产，这就是政治经济学宣告资产阶级时期的历史使命的口号。”[③]这一口号的宣告者包括配第这位经济学始祖。他在《政治算术》中写道：“通

① 《管子·地数》。

② 《管子·地数》。

③ 《资本论》(法译本)第 626 页。

过赋税形式征收来的租金，是从那些将这些资金用于大吃大喝的人征取来的，但它却交给将这些资金花在改良土地，捕鱼，开矿及开办工业之类的有益事业上面的人。很明显，这种赋税对上述各种不同的人为其成员的国家来说是一种利益。”①

通过赋税有意识地遏制挥霍性消费，增加资本积累，扩大生产。配第依据程度不同列举了不利于生产的几种消费：大吃大喝的、购买衣料的、购买家具的、建筑房屋的。对这类消费者征税，配第认为对国家来说是“一种利益”。

《管子》同《政治算术》一样，主张运用赋税杠杆制止奢侈性消费，增加积累。所不同的是，《管子》积累带有积蓄（蓄积、国蓄、储备）性质，即不是资本积累，而是财富积聚。战国时代，诸侯并存，物竞天择，适者生存。充裕的蓄积，是国家强盛、称霸、生存的必要条件。就象资本积累是扩大再生产的前提条件一样。先秦“七雄”，无不强调积蓄国力，但主张通过赋税，制止消费，增加国蓄，却十分少见。

第三节　流转税制思想：关税、市税在流转税制结构中的冲突分析

先秦时期大多数思想家在论述关税和市税的时候，都将两者合称为关市之税。这一方面是因为，当时的生产工具落后，生产力水平低下，农业、手工业生产受到各种限制；国家出现后，还要不断调整和充实；分配制度还刚建立，还要总结和完善；所以，这时的税收在很大程度上是稚嫩的，极其原始的，农业税和商品流转税是混合的。另一方面，就是在流转税制内部，也很难给予诸税种以明确的界定，尤其是关税和市税。

而在《管子》中却明确记载有这样的一段话，“关者，诸侯之隧也，而外财之门也，……征于关者，勿征于市，征于市者，勿征于关，虚车勿索，徒负勿

① 《政治算术》，商务印书馆1978年版，第35页。

人，以来远人”[1]。从这段话可以看出，当时，有些国家的关卡发生苛索的行为，甚至还征及行旅者，为此，齐国作出决定，禁止苛索，主张关税和市税只取其一来征收，避免重复征收，以有利于商品货物的流通。表面看来，这段话主要目的在于减轻人民的赋税负担，是整个先秦时期轻税思想的突出表现。但其中隐含了关税和市税在流转税制中具有冲突性的深刻思想。这一思想触及到了流转税制结构问题。

所谓税制结构是指由主体税特征所决定的税制结构模式。在一个国家的税制体系中，各类税收在税制体系中的地位有主次之分；而在一个国家的大类税收中，各个税种在大类税收中的地位也有轻重之别。税种的不同组合和配置形成了不同税制结构类型，在组织财政收入和调节经济方面也产生着不同的影响，发挥着不同的作用。现代流转税制结构理论主要研究流转税和直接税结构；流转税内部结构以及流转税在中央和地方分布等结构关系。很明显，上引《管子》中的有关关税和市税不能同时征收的那段话，已触及到商品流转税的内部结构问题。在当时生产力水平较低的情况下，社会上尚未形成规模的商品流转，还不具备全面征收关税和市税的客观条件，加之流转税管理水平也非常有限，关税和市税的征收往往伴随着苛取和勒索，这在一定程度上又影响着商品、货物的进一步流通和生产。所以，在流转税内部税种的选择上就应该考虑到社会生产力发展的水平和纳税人的负担能力。

《管子》中尽管没有进一步阐论述这一观点，也没有将其上升至更高的理论水平，但能在人类历史的早期阶段触及有关流转税制结构思想的真理，已经是难能可贵了。无论是对于先秦时期，还是其后的具体历史阶段，都产生了深远的影响。

第四节 评 析

这一时期出现的流转税思想，从总体来说，是同当时的历史背景相一致

[1] 《管子·问》。

的。生产力水平的低下，流转税收在财政中的次要地位，都决定了这一时期的流转税思想大多集中在表象，很多观点都是凭直觉、凭直观得出的结论。但同时，我们也应看到某些思想的闪光之处，看到其中所包含的有关现当代税收理论的合理要素，及其对后世的积极而深远的影响。总之，要对这一时期出现的流转税思想作公正、客观的评价，具体有以下几个方面：

一、 关市税思想方面

这一时期出现的关市税思想主要集中在两点：

1. 关市税的轻征、薄敛思想

这主要是从减轻人民的赋税负担角度提出的，具有进步意义。其实，古代设关的目的，原为讥查出入，防止奸细，以防御外来侵犯，并非为征税而设。其后因见操交换业的商贾，有赢利可图，于是利用御暴讥出入的关卡，向商贾赢利者进行征税，关税随之而产生，并且这种税收逐渐增大，成为国家的财政收入来源之一。史载宋武公曾将关税赏做功臣食禄，“宋工以门赏鸸班，使食其征，谓之鸸门”①。这是说宋国以“门”赏鸸班，使食其征，门就是关门，征即指征关税，可见关税收入已经很多了。到昭公时，对通过迫近都城的关卡的货物，所征关税也十分苛重。可见，早在春秋时期，各国已有严密的关卡，在稽查商旅的同时，对商贾运贩的商货征收繁重的关税。进入战国后，设关征税已经是十分常见的事。而市税起于固定的场所，为什么征收市税，据孟子说，是出于抑商的需要，但究其实质，还在于诸侯、国王的财政需要，据《周礼·大府》载：“关市之赋，以待王之膳服”，可见是取来供王室之用。又如春秋时，晋平公曾说：“吾食客门左千人，门右千人。朝食不足，夕收市赋；暮食不足，朝收市赋。”②这是封君在封地内收取市税。随后，市税的征收也逐渐扩展，甚至出现了苛重的局面。在这种背景下，晏婴、孟子等思想家提出了“关市讥而不征”的口号，呼吁统治者应将减轻、废除关市税作为

① 《左传·文公十一年》。
② 《韩诗外传》卷六。

仁政的一项重要内容，恢复其本来面目，即只稽查而不收税。这一思想是和当时的落后生产力相适应的，客观上促进了商品、货物的流通，从而保证了百姓的正常生活和进一步的生产。因此，在后世反对苛征勒取关市税的言论中，还不时地引用孟子的这句名言，以此作为有力的论据。可见其影响之深刻。

2. 流转税征收的合理性思想

这主要见于孟子、墨子等思想家的言论中。孟子肯定国家赋税征收的合理性，但未进一步阐述合理性的理由，更未特别论述商品流转税征收的合理之处。而墨子在这一方面却有着详尽和透彻的论述，他曾提到，“今农夫入其税于大人，大人为酒醴粢盛以祭祀上帝鬼神”①，“士君子竭股肱之力，亶其思虑之智，内治官府，外收敛关市山林泽梁之利，以实仓廪府库，此其分事也”②。在墨子看来，向国家纳税是百姓的职责，向百姓征税则是士君子的职责。他还进一步说明了征收“关市山林泽梁之利”等流转税的主要用途，以此来论述其征收的合理性。他所阐述的关市等流转税的用途，主要有四个方面，一是提供为帮助小生产者抗拒自然和社会力量而进行祭祀所用的财物；二是提供为实现“兼爱”、“非攻”而进行国际交往所需的财物；三是用来帮助百姓解决饥、寒、劳三大忧患；四是解决招揽贤能之士所需要的高爵禄问题。从这些用途我们可以看出，墨子认为，之所以要征收流转税，主要是为了小生产者的利益和国家的公共开支需要，而国家政权的支出最终也是为了百姓的利益。这事实上反映了墨子有关流转税乃至整个赋税产生和存在条件的观点。

税收是一个分配范畴，也是一个历史范畴。恩格斯说：“捐税是以前的氏族社会完全没有的。但是现在我们却十分熟悉它了。”③任何经济范畴的产生，都取决于一定的客观条件。税收的产生也需要具备一定的客观前提

① 《墨子・贵义》。
② 《墨子・非乐上》。
③ 《马克思恩格斯选集》第四卷，第 167 页。

条件。税收的产生和存在是由四个条件共同决定的,即剩余产品、私有制度、公共需要和公共权力的出现。其中,剩余产品的出现是税收产生的物质条件,私有制度的形成是税收产生的经济条件,公共需要的产生是税收产生的社会条件,而国家公共权力的建立是税收产生的政治条件。关于税收产生和存在的条件,在西方国家和在我国都有许多不同的观点和主张。而在西方税收理论中关于这个问题提出较早的主要是公需说和利益说两种,其中,公需说在 17 世纪由德国管房学派的克洛克等人提出,19 世纪庸俗经济学家也大力地倡导这种学说。这种学说认为国家为了增进全社会的福利,必须开支经费。为了满足政府活动经费的需要,就必须向人们征税;利益说的主要代表是 18 世纪法国思想家卢梭,他认为国家是由于人们的自觉意图而产生的,他拥护资产阶级民主权利的国家,提出税收是人民获取利益的保障。他认为,国家的各种活动,都对人民有利,人民应按各人所享利益多寡来交纳赋税。这一学说的中心在于认为国家的产生和存在,国家的活动给人民带来了利益,人民为了报答国家就需要交税,这实际上是认为国家的产生和活动,是税收产生的条件。

从以上的介绍可以看出,远远地早于克洛克和卢梭等人,在我国的先秦时期,思想家墨子就论述了税收产生和存在的条件,并且是以商品流转税为例来进行分析的,论述中兼备公需说和利益说的观点,即国家政权为了进行国际交往和招揽贤能之士所进行的公共支出,需要人民交纳赋税;而国家为维护百姓的利益所进行的祭祀活动和食饥息劳、将养万民活动也需要百姓交纳赋税,尤其是流转税。所以,墨子有关流转税征收的合理性论述,涉及到流转税与经济、流转税与国家的关系以及流转税收的社会属性问题,具有深刻的思想意义。

但同时我们也不要忽略墨子这一思想内核中的封建迷信色彩和为统治阶级辩护的实质。墨子反复提到天、鬼是人类社会的主宰,统治者必须敬顺天意,尊事鬼神,这一方面反映了当时的人们抗拒自然力量的能力的确有限,另一方面,也说明了墨子为统治阶级的关市税掠夺进行辩解,即在为百姓利益服务的“外壳”下,隐含着剥削者的贪婪,他们总是以此为幌子,大肆地搜刮关市等商品流转税。

二、消费税思想方面

这一时期出现的消费税思想也主要集中在两点：

1. “寓税于价”思想的萌芽

这一思想主要体现于《管子》论著中，其实质是国家对这些生活必需品实行专卖，通过提高价格来获取财政收入，即“寓税于价”。这一消费税思想的积极意义在于：

(1) 注意到征税对象的错误选择会给生产以严重的破坏。以房产、丁口、畜牧、森林等作为征税对象都会不同程度地破坏生产，并且此类税收只能通过提高税率来增加税收，而高税率最容易引起百姓的反感和抵抗。所以，征税对象应集中在人们的日用消费品上。

(2) 通过“寓税于价”，国家直接经营盐铁，使地方诸侯、富商大贾失去控制市场的工具，对他们进行了有力的打击，稳定了国家政权。

(3) 对后世的消费品专卖制度产生了深远的影响。自先秦时期“寓税于价”思想发端，并在具体实践中主要是对盐和铁两种商品进行“寓税于价”，使其后的历史时期沿着这一思想的轨迹，不断地扩大消费品的征收范围，并在具体的专卖方式上不断发展和完善。使整个中国古代的消费税课征呈现出鲜明的特色。

而这一思想在它产生的最初，便不可避免地带有消极的因素：

(1) 以“见予之形，不见夺之理”为消费税征收的原则。这显然预示着，通过“寓税于价”征收的消费税摆脱不了剥削的本质，只不过所采用的手段比以往更加隐蔽和巧妙而已。

(2) 主张取消一切赋税，通过国家经营商业来获得财政收入。这种见解在理论上是站不住的，国家的财政收入是否会具有破坏生产力的作用，主要在于财政收入是否只在剩余产品的范围内征收，而不在取得收入的方式。如果某种商品是作为商品来生产的，只要生产者在纳税后能通过提高商品价格把纳税负担转嫁给买者，再生产就能继续进行；即使不能用提高价格的办法全部转嫁纳税负担，只要赋税负担不致重到削弱再生产能力，也不致造成“毁成”、“止生”这类破坏生产力的情况。如果这类产品是在自然经济条件下为自给消费而生产的，只要赋税不致重到再生产无力进行的地步，就不会破坏生产力本身。反之，即使不采用赋税而采用国家专卖、寓税于价的做法，如果专卖商品价格抬高，百姓买不起，那同样会发生破坏生产力的情况。

2. 运用消费税工具打击各种奢侈行为的思想

这主要体现在商鞅的赋税政策和《管子》一书中。商鞅是较早认识到并且实施过消费税的思想家。他运用高消费税政策打击各种奢侈行为。《管子》也看到消费税是引导消费行为的重要经济杠杆，也主张实施高税政策，遏制奢侈行为。他们的这一思想主要体现了寓禁于征的精神，所论述的消费税事实上属于消费税中的惩罚税型，即对某些被认为对社会道德和人体健康有害的商品所征收的税。这一类型的征收对象在先秦时期主要是酒、肉等奢侈品。通过高额税收将商品价格提高到相当的水平，对消费者进行经济惩罚，以体现寓禁于征的思想，并对不良消费通过征税起到限制作用。

三、 流转税管理思想方面

由于这一历史时期流转税在整个国家财政收入中不具有重要地位，所以在对流转税的管理方面还较原始、尚未系统。但仍然有两个值得注意的萌芽和趋势：

一是流转税征收机构和管理人员的设置方面。据《周礼·地官司徒》记载，当时负责管理流转税征收的官员和机构主要有：质人，掌城市契券和违法者的处罚；廛人，“掌敛市𢇍布、总布、质布、罚布、廛布而入于泉府；凡屠者，敛其皮、角、筋骨，入于玉府；凡珍异之有滞者，敛而入于膳府”，即掌市场收税和处理滞销之物；泉府，主管市税的收纳以及市场滞销物资的收购和祭祀、丧亡物品的赊贷工作；司关，主收关税和对违禁漏税的罚款。

二是流转税管理的法治方面。这一时期便开始注重从国家法令的角度对流转税收进行管理，如春秋时期管仲相齐期间，为鼓励商业的发展，采取了较低的关税和市税税率，一般在2%左右。“弛关市之征，五十而取一。”[①]在齐桓公主持的葵丘之盟上，各国制定了“毋忘宾旅”和“毋遏籴”的两条盟约，以加强各诸侯国之间的物资交流和贸易往来。据《管子·幼官》：“三会诸侯，令曰：……市赋百取二。”可见，2%的税率是春秋前期各诸侯国的通例。

① 《管子·大匡》。

第二章　秦汉时期流转税思想

秦始皇统一全国，结束了诸侯各国长期割据、混战的局面，打破了各国之间重重壁垒，消除了关卡林立的现象，为社会经济、文化的发展和交流提供了条件，使政权得以巩固和发展。国家的统一，各地交通的发展，农业和手工业的发达，以及山泽禁令的松弛，给商业的交流创造了有利条件。汉武帝时，全国著名的商业城市，有长安、洛阳、临淄等 20 多个，经营行业有 30 几种，它们的经济活动，直接影响到政府的财政收入。在对外贸易方面，从张骞通西域以后，许多外国商人，顺着中国通向中亚、欧洲的商路来中国做买卖，“丝绸之路”就在这时开辟并因此而闻名于世，它促进了中国同欧亚各国的友好往来。

由于秦汉时期（公元前 221～220 年）商业大发展，为国家提供了丰富的财源，官府因此加强了对商业的管理和控制，使得这一时期的流转税有了较大程度的发展。无论是官方的流转税政策、措施，还是思想家的著作和言论，都鲜明地体现了这一历史时期流转税思想的特征。

第一节　政治关税思想

从西周开始，关税的征收成了国君、封君的一项固定收入来源，但征收关税的主要目的不是为了增加国家的财政收入，而是国防等政治目的。这在秦代体现得尤为明显。据史料分析，秦代设关，目的是为了检查商旅往来，防止违禁事例的发生，重点是治安，而不是为征税。所以，在关税思想上依然推崇先秦时期“讥而不征”的理念。

至汉代，关税征收的政治倾向也很明显。具体表现在以下两个方面：

一、关卡的设置和关税的征停，成为政治斗争的工具或补充形式

汉初，由于经过楚汉战争，国民经济凋敝，“齐民无藏盖”。为了恢复已遭破坏的经济，国家采取放任政策，在关口上除了稽查商旅外，一般是免征关税的。史称：“汉兴，海内为一，开关梁，弛商货之禁，是以富商大贾，周流天下，交易之物莫不通，得其所欲”①，即可为证。文帝之时，在“无为而治”思想的指导下，继续实行了放任政策，所谓“除关，无用传”②，“通关梁，不异远方”③。但到了景帝时期，因中央与王国势力的矛盾急趋尖锐，发生了“七国之乱”，故又“复置诸关，用传出入”④。这是汉初对关口的开停情况。同时，关税的轻重也与政治形势有关。“庚戌令曰：关津所以通商旅，池苑所以御灾荒，设禁重税，非所以便民，其除池苑之禁，轻关津之税，皆复什一。”⑤这是东汉延康元年(公元220年)所下的一道令文。恢复“什一”之制，还认为是轻“关津之税”，说明东汉末年的关税在十分之一以上。这种重关税的政策，显然与当时的政治黑暗、军阀割据有关。总之，在汉代，关卡时紧时松，关税时征时停，有时甚至很重。这充分说明关卡的设置和关税的征停，从来就是政治斗争的一个工具或补充形式。

二、边关对于进口和外销货物的管制、征税多出于巩固国防的目的

汉代和周边各族通市，一般在边关举行。这种在边关上的关市，只有在

① 《史记·货殖列传》。

② 《汉书·文帝纪》注引张晏曰：“传，信也，若今过所也”。如淳曰：“两行书缯帛，分持其一，出入关，合之乃得过，谓之传也”。

③ 《汉书·景帝纪》注引张晏曰：“除关，不用传，今远近若一”。

④ 《史记·孝景本纪》注引[集解]应劭曰：“文帝十二年，除关，无用传，至此复置传，以七国新反，备非常也。”(《史记·孝景本纪》，作“复置津关”。但《汉书》作“复置诸关”。)

⑤ 《三国志·魏志·文帝纪》注引《魏书》。

双方和好的时候才有可能。例如，“孝景帝复与匈奴和亲，通关市，给遗匈奴。……今帝即位，明和亲约束，厚遇，通关市，饶给之”[①]；“匈奴贪，尚乐关市嗜汉财物，汉亦尚关市之绝以中之”[②]；东汉明帝时，“北匈奴犹盛，数寇边，朝廷以为忧。会此单于欲合市，遣使求和亲，显宗冀其交通，不复为寇，乃许之”。[③] 从这些记载中，不难发现，周边各族与汉廷通市，是以双方和好为条件的，并且通市必须经过中央的批准。一般说，汉人不准私自出关进行贸易，未经官府允许，私自到边关通市，在当时被认为是非法的。

根据边防关系，同时为了统制对周边各族的贸易，汉廷在边关上，对进口和外销的货物管制得很严，曾经有过种种规定。

外销物资方面，首先是禁止铁器、铁农具出关。如“高后时，有司请禁南越关市铁器。佗曰：‘高帝立我，通使物。今高后听谗臣，别异蛮夷，隔绝器物，此必长沙王计也’”[④]。惠帝即位后，也下令“毋与蛮夷外粤金铁田器；马牛羊即予，予牡，毋予牝”[⑤]。这种情况在东汉也存在，当时北方鲜卑强盛，蔡邕说：“关塞不严，禁网多漏，精良铁器，皆为贼有。”[⑥]这说明不得在关市上出卖铁器，有时成了汉代的一大政策。其次，作为特种商品的兵器也曾禁止出关。武帝时，匈奴浑邪王率数十万之众来降，虽然汉廷对之甚为优厚，“虚府库赏赐”，但长安市中，“贾人与市者”，则按“阑出财物于边关”罪，“坐死者五百余人”。何谓“阑出财物于边关”？“阑，妄也。《律》：胡市，吏民不持兵器出关，虽于京师市买，其法一也。”[⑦]又《汉书·昭帝纪》始元五年条注引孟康曰：“汉法弩十石以上，不得出关。”当时在关市政策上的这些规定，大概是为了不让汉王朝的利兵劲弩等先进兵器落到异邦之手。

---

① 《史记·匈奴列传》。
② 《史记·匈奴列传》。
③ 《后汉书·南匈奴传》。
④ 《史记·匈奴列传》。
⑤ 《后汉书·南匈奴传》。
⑥ 《后汉书·鲜卑传》。
⑦ 《史记·汲郑列传》。

至于进口物资,也有所选择,不是什么商品都可以进关的。据记载:"宋子惠侯许瘛。孝景中元二年,[嗣]侯九坐买塞外禁物罪,除国。"①塞外什么"禁物",交代不明。但因为买了禁物进关,而除国,则很清楚。可见,在关市中对商品进口也是有控制的,任何人不得违犯政策规定。

在对周边各族的通市中,当时大量输出的物品是丝绸。输入的则是各族的特产,如牛马等。在关市中,这种商品进出口的原则是以汉王朝的政治、经济利益为标准的。汉代是否征收过国境关税?史书中没有明确记载。但在两汉时,确与外国、外族发生过来往和贸易关系。当时同汉王朝有贸易来往的国家和地区主要是:对西域的贸易,对罗马帝国的贸易,对朝鲜的贸易和对日本的贸易等。国际贸易行为是国境关税的前提和基础。

以上分析说明,秦汉时期的关市和关税政策,在"讥而不征"的基础上,更加鲜明地体现出政治特征。尽管在整个秦汉时期,关税是组成财政收入的一个来源,但征收关税的主要目的不是为了增加国家的财政收入,即使因为国家财政告竭而苛征关税,也是依附于政治斗争的需要。这种将政治目的作为国家关税政策取向的思想,区别于财政关税和保护关税思想。它对后世的影响极其深远。

第二节 "市租"征收思想

汉代市税,是指对市场商品销售总额所课征的税,"市租,谓所卖之物出税。"②很显然,这是在商品流通领域所征课的一种税收,属于流转税的范畴。先秦时期,大多数思想家主张市税薄敛原则,在税收实践中,也贯穿了这一思想。而至秦汉时期,虽然市租在国家财政收入中不占重要地位,但在个别地区或某个时期之内,仍然有着特殊的意义。

---

① 《史记·高祖功臣侯年表》、《汉书·高惠高后文功臣表》。

② 《史记·齐悼惠王世家》(六),第2008页。

一、汉代市租征收的客观基础

1. 城市商品经济的发展

市租征课和城市商品经济的发展有直接的联系。有交易,就会有市场。自战国以来,由于手工业进步,小商品增多,贸易渐兴,所以"市肆"和"集市"也就随之得到了发展。据记载:秦国于献公七年(公元前 378 年)就开始了"初行为市"[①]。至文公之时,还出现了"物无二价"的"直市"[②]。到了汉代,这种专供人们交易的"市"就更多了。当时全国各地重要的政治经济中心,如北方的蓟、邯郸,东边的临淄,东南的吴,南方的番禺,西部的成都,中部的南阳等,都可以认为是有市肆和集市的地方。据有人粗略统计,两汉时期,在全国的大中小城市中,设有市肆和集市的,约在一千四百至一千六百之间。当时的长安就有"九市,其六市在道西、三市在道东"[③]。在这些市内有各种各样的商业活动。史称"九市开场,货别隧分,人不得顾,车不得旋。阗城溢郭,旁流百廛,红尘四合,烟云相连"[④]。至于其他一些城市的商业活动也极为可观,《盐铁论·力耕篇》说:"自京师东西南北,历山川,经郡国,诸殷富大都,无非街衢五通,商贾之所臻,万物之所殖也。"

2. 市场的设置

城市兴起是社会经济发展的必然结果,而市场的设置又为经营商业提供了有利条件。《战国策·齐策》说:"市,朝则满,夕则虚。"《汉书·食货志》说:"富商大贾,积贮倍息,小者坐列贩卖,操其奇赢,日游都市。"另外,《史记·货殖列传》还谈到,"东贾齐、鲁,南贾梁、楚","西贾秦、翟,北贾种、代"。从这些记载中,我们可以看到,战国秦汉时期商品交换是频繁的。当时的商业活动大致可以分为集市贸易、转运贸易和坐贾(或店铺)零售三种形态。

---

① 《史记·秦始皇本纪》。

② 《三辅黄图》卷二,《长安九市》条。

③ 《后汉书·班固传》注引《汉宫阙疏》。

④ 《文选》卷一,班固《西京赋》。

随着市肆和集市的增多，又由于商品交易的频繁发展，国家对市租的征收也就在原来的基础上更为普遍和制度化了。下面择举数例为证："李牧为赵将，居边，军市之租，皆自用餐士。……魏尚为云中守，其军市租、尽以餐士卒。……。"[索隐]曰："军中立市，市有税，税即租也。"[①]"主父偃由此与秦隙，偃方幸用事，因言齐临淄十万户，市租千金。"师古注曰："收一市之租，值千金也。"[②]"秦汉以来，风俗转薄，公侯之尊，莫不殖园圃之田，而收市井之利、渐冉相放(仿)，莫以为耻。"[③]从以上史实中，我们可以看出，当时除了民间的普通"市租"外，还有"军市之租"，表明市租的种类增多了。同时也说明市租成了一笔不小的财政收入。仅临淄一市，就能收租"千金"。汉代一金为一万，千金则千万！临淄"市租千金"，这当然可能有些夸大，但市租收入在当时占有一定的数量，则可首肯。

二、 汉代市租思想

秦汉的市租究竟如何组织征收？这是一大疑问，我们经常可以看到史家在其论著中写道："市租如何征收，无法查考"，又云："史料缺乏，无法知其详情"。这种种论断，不是没有道理的。史料的缺乏，给全面了解这一历史时期市租征收思想和有关思想家的言论的确带来了困难。但通过对现有史实的考察和梳理，还是能挖掘出一些宝贵的思想。

1. 市租分类思想：分别以纳税对象、买卖成交额和行商性质为原则

如前所述，汉代存在各种不同的市。既然有各种不同的市，就会有不同的市租，市租类型不同，收税的办法也当各异。据史实考察，汉代市租的征收大体上分为三种类型，并各自采用了不同的征课办法。其中，包含了按照不同的原则进行分类，继而进行市租征课的思想。具体论述如下：

(1) 以纳税对象为计征原则。这是指汉代的市籍税类型，即根据"市肆"

---

① 《史记·冯唐列传》、《汉书·冯唐传》。

② 《汉书·高五王·齐悼王传》。

③ 《晋书·江统传》。

或“市籍”，以户计征。在汉代的史册中，有关“市籍”、“市肆”、“列肆”和“市列”的记载很多。对于有“市籍”的商人和在市内开设店铺的“坐贾”，通常采用定期和不定期的征税方法。规定纳税户在一定的时间内，把应纳的税款汇总起来集中交纳。这从《汉书·何武传》中可以得到参证。“何武兄弟五人，皆为郡吏，郡县敬惮之。武帝显，家有市籍，租常不入，县数负其课，市啬夫求商推辱显家，显怒，欲以吏事中商。武曰：以吾家租赋、徭役不为众先，奉公吏，不亦宜乎？武卒白太守，招商为卒吏，卅里闻之皆服焉。”“市啬夫”是负责收“市租”的官吏，但何显“家有市籍，租常不入，县数负其课”，因而双方发生了争端。可见，何显之所以要交纳“市租”，是和他的“市籍”有关的。说明有市籍者，是按照户定期交纳市租的，而且一般不得拖欠。“列肆”、坐贾或店铺零售者，一般皆有市籍，故征税办法也当同样。

（2）以买卖成交额为计征原则。秦汉时期，除了城市商业区域的“列肆”或“市肆”以外，还有一种定期进行贸易的集市，也称为“市”。在这种“市”里做买卖的人，就其成分来说，有的是“市籍”商人，有的则是普通“编户”。但不论有无市籍，但只要将其货物投入了集市交易，一般就得征课市租。这种市租，似乎是以商品出售总额为标准来课税的。《史记·索隐》说：“市租，谓所卖之物出租”，即是指这个意思。它采用何时交易，何时征税的办法。这方面，古人虽然留下的记载不多，但也略有透露：史称“家人相一，父子戮力，各务为善器，器不善者不集。农事急，挽运衍之阡陌之间。民相与市买，得财货五谷新弊易货”[①]。“（永元）六年三月诏：流民所国郡国，皆实廪之，其有贩卖者，勿出租税。”[②]前一材料，讲的是个体手工业者，将其所制造的农具投放乡村集市贸易的情况，没有言及税收。然而后一材料，便直接谈到“其有贩卖者，勿出租税”。“贩卖”，因“流民所过”而免税，这当然是一个特例。但它的反证，则表明于通常情况下，在集市上进行了交易是要按照规定缴税的。这种集市交易，“日中为市”，“交易而退”，故必须采用当场征税。否则，

① 《盐铁论·水旱》。
② 《后汉书·和帝纪》。

市散人走，税收便得不到保证。

（3）以行商性质为计征原则。根据行商性质，如金银珠宝等特殊交易，按“铢”计征。《汉书·食货志》引贡禹之言曰：“弃本逐末，耕者不能半，奸邪不可禁，原起於钱。疾其末而绝其本。宜罢采珠玉金银铸钱之官，毋复以为币，除其贩卖租铢之律。租税禄赐皆以布帛之谷，使百姓壹意农桑……禹意亦寝。”这里，贡禹谈到了“贩卖租铢之律”。何谓“租铢”？当属市税范围，是指金银珠宝等特殊交易税。因为征课对象是金银珠宝等贵重物品，以“铢”计算重量，因此，按照“铢”计“租”，名曰“租铢”。同时，也说明“租铢”在当时是付诸实施的。其征课办法，就是“计其所卖物价，平其锱铢而收税”。征纳物是金银珠宝的本身而不是货币。贡禹要求取消《租铢律》，目的在于不用珠、玉、金、银、铸钱作为货币流通工具，即改用布帛及谷来交纳租税，支给国用，以恢复古道。看来，这种建议不符合当时社会的发展要求，所以没有被采纳。

2. 征收市租与管理市场有机结合的思想

秦汉时期，在民间征收的普通市租，不论以何种原则征收，其主管征税的机构或官吏却几乎是相同的。当时，在各个城市的固定场所，皆设有“市长”、“市吏”、“市啬夫”等。这些官员，除了负责征收市租之外，还兼有行使市场管理的职权，如据云梦秦简记载：凡从事工商者，每年要校正一次权、斗、桶、升，若度量衡不正，要罚；商贾所卖的货物，必须在商品上分别系签标明价格；百姓在交易时使用的钱币，质量好坏一起使用，不准选择；从事手工业和为官府出售产品者，在营业收钱时必须立即把钱投入缿中，使买者看见投入，违犯法令者，罚一甲。这些规定，显然是对征课税收和监察商贾活动有关。但是，要看到，由于富商大贾，往往与官吏权势之家相结托，所谓“因其富厚，交通王侯，力过吏势，以利相倾”①。所以，秦汉一代，在征税过程中的作弊和偷税、漏税情况，必然是严重的。

显然，这一时期征收市税同管理市场是很难截然分开的。这主要是由

① 《汉书·食货志上》。

当时生产力水平所决定的，尽管秦汉时期商业、商品流通都有了较大的发展，在此基础之上的市税征收和管理有了较大发展，但当时市税的征收还未将分配、调节等职能作为主要的指导思想，而是着重体现了市税在商品流通市场上的监督、管理职能。

有关税收的职能在当代理论界存在很多不同的观点，有一职能，即分配职能说；二职能，即收入与调节职能说；三职能，即收入、调节和监督职能说；还有四职能，即收入、调节、社会和监督职能说。上述税收职能不同观点的主要分歧，在于监督职能是否作为税收的固有职能而存在。主张税收具有监督职能的观点认为，税收是以税收法律形式体现的一种分配。税收法律是征纳双方必须遵守的法律规范，它约束着纳税人的经济行为，使之符合国家的政治经济要求。因此，税收成为国家监督社会经济生活的强有力的工具。但反对税收具有监督职能的观点则认为，税收监督是为了保证税收收入和调节职能的实现，保证税收任务的完成而行使的手段。税收虽能成为国家监督社会经济活动的强有力工具，但它从来不是税收内在固有的职责和功能。

而秦汉时期征收市税的实践所体现出的市税征收与市场管理相结合的思想，恰恰说明了税收具有监督和管理的职能，并且，这一职能在历史的早期阶段是同其他职能，尤其是收入职能密切结合在一起的。一方面，征收市税保证国家的财政收入；另一方面，征收市税的同时，对市场上商品的流通、物价、交易以及竞争等内容进行监督和管理。而后者往往比前者更加重要。这从历史的角度论证了，至少在我国的秦汉时期，税收的监督职能呈现出它的内在固有性。

第三节　“寓税于价”消费税思想的深化：消费品专卖的流行

“寓税于价”消费税思想和政策发端于春秋时期的齐国。至秦汉时期，国家对财政经济的干预力度和范围，不时有所扩大。秦王朝在各地设置铁官，但并未对全国盐铁进行控制垄断，只对盐、铁收税。所以，秦至汉初的盐铁等消费品的利益，全部落在了少数富商大贾的手中。至武帝，对盐、铁、酒等消费品实行专卖，通过垄断盐铁的生产和销售，继而通过提高其价格来获取财政收入，这一政策深化了先秦时期"寓税于价"的消费税思想。

一、"寓税于价"消费税思想深化的客观基础

汉武帝时期，对盐、铁、酒等消费品实行专卖，究其原因，主要有以下两点：

1. 军政费用的需要

自汉王朝建立到武帝即位，北方边境一直未能稳定，安帝延光二年，尚书陈忠上疏谈了这一情况，他说："臣闻八蛮之寇，莫甚北虏。汉兴，高祖窘平城之围，太宗屈供奉之耻。故孝武愤怒，深惟久长之计，命遣虎臣，浮河绝漠，穷破虏庭。当斯之役，黔首陨于狼望（匈奴地名）之北，财币縻于卢山之壑，府库单竭，杼柚空虚。"[①]这里说明了，同匈奴作战的原因以及因此而造成的财政困难。其次，国防建设也需要众多的经费。"先帝哀边人之久患，若为虏所系获也，故修障塞，饬烽燧，屯戍以备之。边用度不足，故兴盐铁，设酒榷，置均输，蕃货长财，以佐助边费。"[②]可见，盐铁专卖的直接原因是武帝实边扩土，国力耗费太大，原有的赋税满足不了需要，只得另辟新的来源。

2. 抑制商人兼并，巩固政权的需要

桑弘羊在同贤良文学的辩论中说，专盐铁之利只是一个方面，不是所有方面；盐铁专卖的另一个重要原因，是"将以建本抑末，离朋党，禁淫侈，绝并兼之路也"[③]。如果"放民于权利，罢盐铁以资暴强，遂其贪心，众邪群聚，私门成党，则强御日以不制，而并兼之徒奸形成也"[④]。他举例说："异时盐铁未

① 《后汉书·西域传》。
② 《盐铁论·本议》。
③ 《盐铁论·复古》。
④ 《盐铁论·禁耕》。

笼,布衣有朐邴,人君有吴王,皆盐铁初议也。吴王专山泽之饶,薄赋其民,财赡穷乏,以成私威。私威积而逆节之心作。夫不早绝其源而忧其末,若决吕梁,沛然,其所伤必多矣。"[①]可见,盐铁专卖的主要原因是分商人之利,限制其资本的发展和防止豪强大家发展私人势力,危及国家政权的巩固。

二、"寓税于价"消费税思想深化的表现

1. 有关"寓税于价"思想实质的争论

这一争论的焦点主要集中在"寓税于价"消费税的征收是否是与民争利,主要有两派观点:

一是反对派的观点,以董仲舒、司马迁、贤良文学为代表。其中,董仲舒从以德化民、重义轻利的思想出发,对于盐铁专卖表示反对。他主张"盐铁之利尽归于民"[②],以拓宽人民的生活之路,只以正常的赋税收入维持封建政权的支用。董仲舒用天道论来论证不与民争利的合理性,他说:"夫天亦有所分予,予之齿者去其角,傅之翼者两其足,是所受大者不得取小也……不与民争业,然后利可均布,而民可家足"[③]。封建政权担负着把阶级斗争控制在一定程度内的责任,它要对社会经济进行调节或利用官产取得一定收入是可以理解的。但是,地主阶级的贪婪本性,使封建政府可以无限度地提高专卖价格,有关官吏也势必乘机上下其手,从中渔利。这样,必然要给人民造成巨大痛苦。要求以规范化的赋税代替封建政权的专卖制度,在某种意义上是符合人民利益的。贤良文学也从专卖带来的弊端方面入手强烈地反对通过"寓税于价"来获取封建政府的财政收入,认为这也是与民争利。他们从"百姓足,君孰与不足"的古训出发,认为"畜民者先厚其业而后求其赡","王者不蓄积,下藏于民","民人藏于家,诸侯藏于国",而天子应"藏于

① 《盐铁论·禁耕》。
② 《汉书·食货志》。
③ 《汉书·董仲舒传》。

海内”[①]，主张在藏富于民的基础上保护税源。同时指出，“利不从天来，不从地出，一取之民间。[②]”封建国家的财政收入，不论是采用赋税的形势，还是采用商业利润的形式，都是取之于民，都是与民争利。司马迁亦明确提出盐铁专卖是“与民争利”，“郡国多不便县官作盐铁，铁器若恶，贾贵，或强令民卖买之”[③]，盐专卖以后，“贾贵，百姓不便”[④]，买不起盐的百姓只好淡食，这些观点还是符合当时的实际的。

另一派观点是以桑弘羊为首的认为山海资源的利益本来应属于国家，所以不存在与民争利的问题。他们的理论基础是“山海之利，广泽之蓄，天下之藏也，皆宜属少府”[⑤]，赤裸裸地表明“王权就是私有财产的权力”[⑥]。汉代文学家扬雄曾说：“或曰：弘羊榷利而国用足，盍榷诸？曰：譬诸父子，为人父而榷其子，纵利，如子何？”[⑦]父子之间交易，如果父亲实行专卖，纵使获了利，儿子怎么办呢？专卖不能增加财富，只能改变财富的分配状况而已。桑弘羊的所谓“民不加赋，而国用饶”，不过是限制赋税在财政收入中的作用，通过垄断山海资源来满足财政需要。这种思想，无疑会鼓励官吏用可能想出的商业性手法进行聚敛，而尽可能少用或不用强制性很强的税收手段取得财政收入。这是对先秦时期“寓税于价”消费税思想的继承和深化。但同时，这也就使人治之风在财政领域内蔓延，使具有法制特点和相对稳定性的赋税受到排挤。

2. “寓税于价”体现出国家强烈干预经济的思想

对于盐铁这类百姓生产生活的必需品，通过垄断其生产、销售，继而“寓税于价”，本身就体现了封建政府对经济干预的强烈意识。关于国家对社会

---

① 《盐铁论·禁耕》。
② 《盐铁论·非鞅》。
③ 《史记·平准书》。
④ 《盐铁论·水旱》。
⑤ 《盐铁论·复古》。
⑥ 《马克思恩格斯全集》第一卷，第381页。
⑦ 扬雄：《法言》。

经济活动尤其是商业进行控制和干预的好处，桑弘羊等人在论证时主要有以下观点：

第一，有利于百姓。政府通过对盐铁等物价的干预和调节，使物价稳定。桑弘羊认为，只有政府干预物价，才能避免“豪民擅其用而专其利，决市闾巷，高下在口吻，贵贱无常”[①]，才能“平万物而便百姓”[②]。

第二，有利于西汉王朝的巩固。桑弘羊认为煮盐、冶铁等行业只有豪强才能经营。“权利之处，必在深山穷泽之中，非豪民不能通其利。”[③]“鼓金煮盐，其势必深居幽谷，而人民所罕至。奸猾交通山海之际，恐生大奸。”[④]他一再指出，汉文帝时“纵民得铸钱、冶铁、煮盐”，是有经验教训的。对关系国计民生的盐铁二业，由政府直接控制经营，以防止“并兼之徒奸形成”[⑤]，有利于国家政权的巩固。

第三，在“有益于国，无害于人”的前提下，增加了国家的财政收入。贤良文学曾提出封建国家的财政收入，无论是以赋税还是商业利润的形式都是取之于民的观点，而桑弘羊却认为，“盐铁之利，所以佐百姓之急，足军旅之费，务蓄积以备乏绝，所给甚众，有益于国，无害于人”[⑥]。事实上，国营商业取之于民同桑弘羊所说的“有益于国，无害于人”并不矛盾，因为国家所得之利，可以只是原来富商大贾所获之利，夺了富商大贾之利，并未增加百姓的负担。这实际上是对先秦时期“见予之形，不见夺之理”一消费税原则的体现和深化。

汉代政府对盐铁实施“寓税于价”的消费税政策，具体的干预作法，据《史记》记载，由官府招募人民自费制盐，制盐所需的锅盆等器具，由官府供给。盐制成后，由官家定价收买。汉王朝在全国28郡国34县设置盐的经营

① 《盐铁论·禁耕》。
② 《盐铁论·本议》。
③ 《盐铁论·禁耕》。
④ 《盐铁论·制权》。
⑤ 《盐铁论·禁耕》。
⑥ 《盐铁论·非鞅》。

管理机构，原来的大盐商多利用充当官吏，以掌管食盐专卖业务，而由孔仪、东郭咸阳和桑弘羊总管。又在产铁的地区设置铁官，不产铁的地区设置小铁官，以管理采铁、制铁事宜。制成的铁器，必须全部卖给铁官，由官府售卖。当时，全国39郡国、48县都设有铁官，原来的大铁商也被任为官吏，以掌管铁的专卖业务。

汉代还规定了严格的惩处措施，“敢私铸铁器鬻盐者，钛左趾，没入其器物”[①]。就是说，对于私自铸铁或煮盐的，不仅要受刑罚，还要罚没器物财产，罚则是十分严格的。

3．“寓税于价”对象扩展至酒

这也是本时期消费税思想深化的一个具体表现。天汉三年(公元前98年)，在桑弘羊的主持下实行了酒榷。桑弘羊自己说，酒榷是少府的官员提出来的，“故少府丞令请建酒榷，以赡边，给战士，拯救民于难也”[②]。桑弘羊接受了这个建议，经过汉武帝同意，在全国推行。所谓酒榷，据应劭解释："县官自酤榷卖酒，小民不复得酤也。"韦劭解释："以木渡水曰榷。谓禁民酤酿，独官开置，如道路设木为榷，独取利也。"酒榷就是酒的生产、销售均由官府垄断、专利。但是，酒的专卖制度实行时间不长，16年后，昭帝始元六年，因贤良文学的反对而停罢，改为对酒征税，每升纳税四钱[③]。

第四节　消费税思想与重农抑商政策

秦汉时期，封建大一统的建立为商品经济的发展创造了更为有利的条件，商品经济得到了进一步地发展，商品经济的发展固然沟通了全国各地的经济联系，极大地丰富了人们的物质文化生活，但同时也对农业和小农经济造成更为严重的破坏。与此相呼应，在经济思想界，一方面，基于对商业地

①　《汉书·食货志》(四)，第1166页。
②　《盐铁论·忧边》。
③　参见《汉书·昭帝纪》。

位和作用的认识，一批人上承先秦重商思想，继续强调和宣传商业的重要地位，司马迁、桑弘羊即其代表人物。另一方面，更多的人则主张抑商，于是，围绕如何看待商品经济及其地位和作用以及封建政府对商人应该采取什么样的政策等问题，重商思想和抑商思想展开了长期的争锋，在这一过程中，国家直接进入商品流通领域获取财政收入，打击、抑制私营工商业者，无疑成为抑商的主要表现。但这一抑商思想同传统的抑商观点已经有了很大的差异。

一、 传统的抑商观点

传统的抑商思想往往在主张抑制商业的同时要求大力发展农业，即从农业和商业之间的对立关系入手，认为，要重农必须抑商，抑商的目的是为了重农。他们认为，事商与农争利、争人，对农业经济的发展会造成负面影响，而且商品经济对自然经济的瓦解作用会动摇封建国家的统治基础。

如汉文帝时的思想家、政治家贾谊便是传统重农抑商思想的著名代表人物。他的抑商思想是把重粟积贮同“抑末”联系起来。贾谊十分重视国家财富的积累，特别是对谷物的储存。他把积粟的重要性提高到关系国家政权存亡安危的高度来认识：“夫积贮者，天下之大命也。苟粟多而财有余，何为而不成？以攻则取，以守则固，以战则胜，怀敌附远，何招而不至。”①在此思想的指导下，贾谊提出了重农抑商的政策主张：“殴民而归之农，皆著于本，使天下各食其力，末技游食之民，转而缘南亩”，这样才能使“蓄积足而人乐其所”②。

和贾谊同时代的晁错继续发挥了贾谊的贵粟积贮论，提出了“粟者，王者大用，政之本务”③的观点。他还把国家不富、蓄积不多的原因归为“游食之民未尽归农”。为了使民归农，必须禁末抑商。他认为商人的危害性不仅

---

① 《贾谊集·论积贮疏》。

② 《贾谊集·论积贮疏》。

③ 《汉书·食货志上》。

在于他们不耕而食，不织而衣，造成了“一人耕之，十人聚而食之”[①]的情况，而且随着商贾势力的过分膨胀，他们直接剥削和兼并农民，形成了一股强大的经济势力，已经造成了对国家的危害。他上书给汉文帝说：“商贾大者积贮倍息，小者坐列贩卖，操其奇赢，日游都市，乘上之急，所卖必倍。故其男不耕耘，女不蚕织，衣必文采，食必粱肉。无农夫之苦，有仟陌之得。因其富厚，交通王侯，力过吏势，以利相倾。千里游敖，冠盖相望，乘坚策肥，履丝曳缟。”[②]正因为商人不仅妨碍“粟米布帛”的生产，而且商人兼并农人，造成了小农经济的萎缩，加剧了社会矛盾，晁错才认为对商人应该加以贱视，只有农业才是为政之本务。他提出贵粟之道有几种好处：“一曰主用足，二曰民赋少，三曰劝农功。”[③]这里，晁错的确是把重农思想发展到了一个新的高度。但他始料未及的一点是，手中握有大量资材的富商大贾大可凭借强大的货币力量买粟拜爵，致身显家，这与晁错重农抑商的初衷已是背道而驰了。

二、“寓税于价”消费税政策所体现的抑商思想

1. 这一抑商思想的主要特征

这一思想主张通过坚决抑制、打击私营工商业者，使国家直接进入商品流通领域，直接控制经营工商业，广泛运用经济手段和行政手段使封建国家在工商业中以至在整个社会经济活动中取得支配地位，以大量增加政府的财政收入，巩固中央集权专制主义封建政权。

它与传统的抑商论不同。它的抑商不是站在强调以农为本的立场上，认为商业在社会经济生活中是可有可无的，它的存在只会对农业经济和在其上的封建统治经济基础造成危害，而应对其加以贱视和抑制。相反地，它之所以强调抑商，并不是因为轻视工商业，而恰恰是看到了工商业内在的强大潜能以及它在社会经济发展中占有的举足轻重的地位，特别是看到了商

① 《汉书·贾谊传》。
② 《汉书·食货志上》。
③ 《汉书·食货志上》。

利重于农利，而能为国致财的作用。因此，这种抑商思想的背后所隐藏的不是轻视工商业，而正是重视商业。这一主张认为，只有掌握商品流通规律，取得国家在流通领域中的支配地位，才能达到抑商的目的。而要全面有效地控制商业，抑商也就成为必然之举。这实际上已经把商业看做是国民经济中具有决定作用的部门，把商业看成是控制、调节国民经济的关键环节。

2. 这一抑商思想产生的根源

这一抑商思想是伴随着这一时期商业双重作用的不断增强而产生的。秦汉时期，在中央集权的封建帝国建立并逐渐趋于稳定的情况之下，商品经济得到了空前有利的发展。西汉建立几十年后，商业和商人势力的发展已经远远超过了战国时代。正是由于商品经济和工商业的发展及其在社会经济生活中作用的增长，已经促使封建政权日益重视这一领域。特别是统治阶级中的一些有识之士，他们抛弃了先秦以来一些思想家所持有的只有农业才是财富的惟一源泉，商业只是一些技巧之活，对于社会经济发展是可有可无的观点，认为商业和农业一样也是社会经济生活中不可或缺的部门，他们进而把商业的作用提高到了富国的高度，提出商业也能为国致财。

另一方面，随着商业在这一时期双重作用的增强，封建经济以及封建政权同商人资本的矛盾有了进一步的发展。商品经济同自然经济在本质上的对立，商人资本对封建自然经济的分解作用在这一时期已经显得日益突出。加之西汉前中期，商贾势力日炽，他们囤积居奇、贱买贵卖，从事各种投机活动，牟取暴利，形成为当时社会上一股强大的经济势力，其势力之强盛已隐然具有在经济势力和财富力量上同封建政治力量相抗衡的实力。《史记·货殖列传》中记载当时的列侯封君“食租税，岁率户二百，千户之君则二十万，朝觐聘享出其中。庶民农工商贾率亦岁万息二千，百万之家二十万，而更徭租赋出其中”。特别是商人们在牟取商利的同时又不断从与封建统治阶级的交易中赚取利润，分割统治者所占有的农民的剩余劳动。于是如何排挤、抑制私营工商业者，便成为统治阶级的政策目标。主张通过抑制民营商业，以使封建国家直接进入商品流通领域的抑商思想正是应此而适时产生的。

三、秦汉时期抑商思想与流转税思想之间的互动关系

很多学者认为,秦汉时期流转税思想之所以兴盛,是因为经济思想界提倡抑商的缘故,或者说政府主张通过介入流通领域,以"寓税于价"的方式获取财政收入的目的是抑制商人甚至商业的发展。我们应该辨证地看待这一问题。

一方面,持有前述思想的抑商论者大多是封建统治阶级中的那些"兴利之臣"。他们主张通过打击商人势力,抑制私营工商业的发展来实现国家对社会经济生活中工商业的管理和控制,这的确体现了抑商的特征。在具体政策上,对盐铁实行专卖,把过去由富商大贾所垄断的冶铁、煮盐、酿酒等重要工商业部门收归政府,由国家垄断经营。在全国产盐铁之地设立盐官、铁官,管理煮盐、制造铁器和买卖盐铁等事务,盐铁实行官营后严禁私人铸铁、煮盐。封建国家把原来最能为商贾牟利的事业占为己有,独擅其利,这在客观上排挤和打击了商人。除盐铁官营外,公元前110年,汉政府在桑弘羊主持下实行了均输、平准两项官商垄断政策,配合盐铁专卖的推行,在客观上也抑制了私营商业资本的发展,以官商排挤了私商。

汉政府一系列抑商政策实施后,封建统治阶级"建本抑末"的意图得到了充分的体现,私营工商业受到严格控制,商业被牢牢掌握在政府手中。考察秦汉时期的重农抑商政策,从本质上说,汉武帝前,汉政府所颁布的种种"贱商令"、"重本抑末"政策往往是从重农、尚本的立场出发,防止商业侵害农业、商人兼并农人的政策措施。从效果上看,这些"贱商令"的推行,并未能有效地抑制私营工商业的发展和商人势力的壮大。到了汉武帝时,封建国家所制定的一系列官商垄断政策,尤其是"寓税于价"的消费税政策,在效果上的确打击了私营商业者。从这一方面来说,"寓税于价"的消费税政策的确起到了"抑商"的目的。

但另一方面,"寓税于价"的消费税政策并不仅仅是为了抑商,更重要的是为封建国家取得充裕的财政收入,因而以国为本位,以财政为核心,满足国家财政收入的需要是这一思想的出发点和归结点。这主要是由封建国家

大一统的专制体制所决定的。要使这样一个统治着成千上万人口的巨大政治实体能够正常运转,就要求封建国家能够负担起一支数量庞大的常备军以及从中央到地方的庞大政权机构及其一大批国家官吏的开支。而要做到这一点,巨额的财政经费是必不可少的。筹集财政经费当然要靠赋税,但仅靠赋税是不够的。封建社会前期的赋税主要是农业税为主,但它受农业生产季节性的限制,对应付财政开支缺乏弹性,特别是在发生紧急财政需要时更难以及时措办。而且,赋税"取民"的特点很明显,如果赋税太重不仅违背统治者所积极倡导的"重农"政策,而且容易引起农民的怨恨,招致反抗。在这种情况下,持有"寓税于价"消费税观点的思想家为封建政府找到了新的"生财之道"。他们一方面看到了封建统治者再重农,农利终归不如商利,再轻商,商利终究重于农利的事实,从而充分肯定了商业能为国致财的重要作用;另一方面,他们把商人,特别是"大贾蓄家"看做是同封建国家争夺经济利益的主要对手,认为商贾势力同封建国家是不能两立的。为此,他们主张打击商贾势力,抑制私营商业者的经济活动。但是他们抑制商贾的办法,不是像传统的抑商论者那样主要依靠各种行政压迫手段,强调从政治上和社会地位上贱视商人,抑制商贾势力的发展,而是主张由国家直接经营和控制商业,通过"寓税于价"来压缩和排挤"大贾蓄家"的势力,从而在各种经济利益特别是商利的争夺上取得绝对支配的地位,以增加国家的财政收入。

汉政府在桑弘羊的主持下实施的盐铁"寓税于价"的消费税政策的确为朝廷带来了丰盈的财政收入,桑弘羊曾说:"当此之时,四方征暴乱,车甲之费,克获之赏,以亿万计,皆赡大饲农。此皆……盐铁之福也。"[①]史称当时"民不益赋,而天下用饶",说明官营商业,继而"寓税于价"政策的实施在增加国家财政收入的目的上确实取得了巨大成效。

综上,秦汉时期"寓税于价"的消费税与抑商之间不能画等号,这一消费税政策在客观上的确起到了抑制私营商业和商人的作用,但这不是它惟一的目的,更重要的在于满足封建统治阶级财政收入的需要,而这从另一个角

① 《盐铁论·轻重》。

度恰恰说明了封建政府对商业作用的认识和重视。

第五节 评 析

秦汉时期出现的流转税思想总体来说是对先秦时期的继承和深化。这主要体现在两个方面：

一、 关市税思想评析

先秦时期在关市税方面提出“关市讥而不征”的政策主张，被许多政治家、思想家所推崇，其核心思想是对诸侯国之间的商品贸易往来的过关以及进入市场，只应该注重检查、盘问，而不应对其征税，以促进商品经济的发展。这里面所包含的“讥”的思想，事实上对于关税而言，应以国防安全为重，严禁违法商品进入本国；对于市税而言，应以管理、维护市场的经营秩序为主。无论在边关还是市场上，都不能将征收关市税作为财政收入的主要目的。尽管在先秦时期出现了像墨子这样的思想家，论述了征收关市税的合理性，但占主流的还是“关市讥而不征”的流转税思想。这一思想至秦汉时期得到了进一步的继承和深化。如关税思想方面，关税的开征和停征在这一时期，和当时的政治经济形势以及统治者所奉行的政策有关，成为政治斗争的一个工具或者补充形式，并且在对进口和外销的货物都从维护国防安全的角度作了严格管制，呈现出典型的政治关税特质，这是对先秦时期的继承和深化；市税思想方面，本时期将市税的征收同对市场的管理密切联系起来的政策主张，也反映了秦汉时期并没有将征收市税作为财政收入的主要形式，而是以维护市场管理秩序为重，并且在先秦时期的实践基础上，采取了更加周全的方式，比如将征税与市籍相联系，将征税的官吏的职能确定为不仅征收市租，还兼有行使市场管理的职权。总之，这一时期体现出的关市税思想是对先秦时期的继承与深化。

这种继承与发展是和当时统治者治理国家的指导思想密切相关的。西汉初期统治者推崇“无为而治”的治国方针，在此前提下，实行“与民休息”的统治政策，即简政省刑，尽量减少国家对经济活动的干预，减轻百姓的徭役负担，使百姓有比较安定的环境、时间和财力从事生产和其他经济活动。其核心内容之一便是轻徭薄赋，而体现在关市税方面，就是国家不将其作为财政收入的主要源泉。并且，这一时期的抑商政策也有所宽松，虽然在理论上强调"重本抑末"，而实际上除了令商人"不得衣丝乘车"，不得"仕宦为吏"外，没有采取更加重要的具体行动。

所以，西汉初期的轻关市税政策思想在客观上为商品交流和商业的发展奠定了基础，加诸西汉政权实现了巩固中央集权统一封建国家的任务，创立了一个和平安定的局面，工农业生产的恢复与发展，国家的安定和统一也为商业的发展提供了很好的条件，铸钱、盐铁的开放私营，又给商业资本的膨胀提供了肥沃的土壤，因此，西汉前期，出现了商业比较繁荣的局面，"汉兴，海内为一，开关梁，驰山泽之禁，是以富商大贾周流天下，交易之物莫不通，得其所欲"①。

二、 消费税思想评析

秦汉时期的消费税思想是对秦汉时期"寓税于价"思想的继承和深化。主要表现在，这一时期思想家们围绕"寓税于价"思想的实质展开了争论，其争论的焦点——"寓税于价"究竟是否是与民争利；"寓税于价"的同时更加强调国家对社会经济的干预；"寓税于价"的范围扩展至酒这一消费品。

首先，秦汉时期"寓税于价"消费税思想的盛行，反映了两个趋势和变化：

(1) 封建政权试图以官营商业来抑制私营商业，继而干预整个社会经济，这一变化始于汉武帝。前面述及西汉初期盛行无为而治，国家采取自由放任的经济政策。其后果带来了社会经济的繁荣尤其是商业的兴盛，而其中富商大贾的势力愈来愈危及封建政权的统治，迫使统治者不得不重新加固抑商政策，但统治者也充分意识到商业的繁荣对经济的促进作用，没有经

① 《汉书·食货志》。

济的发展，政权的稳定也是不可能长久的，因此，他们便推行了另一种抑商策略，即以官商抑制私商，既打击了私营商业主的势力，又维护了商业的基本发展，同时还获取了丰厚的财政收入，对于统治者来说真可谓“多赢”的局面。这一政策思想自此始，贯穿于历代封建统治者的治国方略之中。从这个角度来说，“寓税于价”消费税这一政策工具成为封建政权干预社会经济维护封建特质的得力武器。

(2) 封建政权的税制结构发生了变化，具体表现又有两点：一是税收收入由直接的土地税开始向间接的流转税倾斜；二是流转税中开始形成以消费税为主、关市税为辅的格局。这一格局使得统治者越来越重视消费税在国家财政收入中的地位。

其次，这一时期“寓税于价”消费税思想的盛行有其合理性，这主要是从其产生的背景来说的。西汉中期，商贾势力日益膨胀，他们所拥有的资财，可以与千户侯、二千石官相提并论，“仕不至二千石，贾不至千万，安可比人乎”[①]。商贾势力的强盛引发了严重的社会问题，富商巨贾们的“蹛财役贫”和投机兼并活动日益猖獗，在他们的积极参与下，社会上财富兼并、贫富分化的现象日益加剧。不仅如此，富商大贾和发了财的中小商人们在生活上的恣意挥霍，对礼制法度的僭越，已经对封建政权极力维护的封建等级秩序构成了极大的威胁。特别是商人们在牟取商利的同时又不断从与封建统治阶级的交易中赚取利润，分割统治者所占有的农民的剩余劳动，同封建国家的财政收入发生了尖锐的冲突。因此，如何排挤、抑制私营工商业主便成为封建统治阶级的政策目标，主张通过“寓税于价”的消费税政策来抑制私营民营商业，以使封建国家直接进入商品流通领域的思想正是应此而适时产生的。同时，汉武帝时期同匈奴的战争以及国防建设，国力耗费太大，原有的赋税满足不了需要，只得另辟新的来源。而“寓税于价”的消费税政策也恰恰能解决这一问题。这一思想的积极意义还表现为，在当时的历史背景下，私营盐、酒等消费品在资金、劳动力等方面都存在一些限制性因素，而封

① 《史记·货殖列传》。

建国家却恰恰能大量地调集资金、集中劳动力，尤其是在控制资源方面，要比私营商业主更强有力得多。这是符合经济发展需要的。

但我们必须看到这一思想的缺陷，那就是对“寓税于价”消费税本身所固有的弊端认识不足。封建统治者垄断商业的目的是想通过控制商品的销售、进行商品加价来获取财政收入，而商品价格的提高必然会影响到百姓的购买能力，而大多数百姓是靠农业收入来进行消费的，缺乏赢利弹性，其结果只能是增加百姓的生活负担，消费能力下降，而萎缩的消费又严重制约着生产的进一步发展，最终带来生产的萎缩。即使商品价格制定得较合理，可由于官府经营的消费品，不讲究质量，式样无变化，不能因地制宜，也会严重影响到百姓的生活和生产质量，继而影响到经济水平的进一步提高。

最后，“寓税于价”消费税思想的影响是深远的。一方面，继秦汉之后，统治阶级都特别重视利用这一方式取得国家财政收入，表现在努力改善官营的方式，针对“寓税于价”出现的弊端进行调整，以及扩充“寓税于价”的对象等诸方面。如秦汉时期已经将“寓税于价”的触角伸展至酒消费品，继承这一传统，随后的朝代都纷纷开辟新的对象，如茶、矾等不断被纳入“寓税于价”的范畴。另一方面，这一思想自产生之日起便有其对立面，两者之间始终进行着交锋，这一交锋具体表现为主张“寓税于价”的思想家同重商论者之间、同传统抑商论者之间的交锋，也就是说，持有“寓税于价”观点的思想家不仅受到了重商论者的批评，而且遭到了传统抑商论者的抵制，二者之间围绕着工商业在社会生活中的地位和作用以及封建政府的工商业政策而展开了激烈的经济思想辩论。第一次辩论发生在汉文帝至汉武帝时期，鉴于当时商贾势力的日益强盛和因之而引发的严重社会问题，加之这时西汉王朝经过七十多年的恢复和发展，至武帝即位时，中央集权专制主义封建政权初步得到稳定，国力逐渐强大，国家有可能从“无为”转向“有为”，于是，在这次经济思想的对立斗争中，强调国家在经济上特别是工商业活动中“有为”的轻重论思想得到了封建统治者的肯定和接受，成为封建国家垄断工商业、通过“寓税于价”获取财政收入的理论基础。第二次大辩论即汉昭帝始元六年二月（公元前 84 年）召开的盐铁会议，以贤良文学为代表的传统抑商论者和以御史大夫桑弘羊为首的“寓税于价”主张者就汉政府推行的一系列商业和财政政策展开了针锋相对的论争。经过激烈的辩论，汉政府接受和承认了贤良文学所揭露的百姓贫陋困穷的社会现实，并在始元六年七月下诏：“罢榷酤官，令民得以律占租，卖钱升四钱”①。到宣、元二帝时，汉政府先是“减天下盐贾(价)”，最终废除了盐铁官营。桑弘羊的官营商业政策虽一时废止了，但是他所强调的由国家介入流通领域，通过“寓税于价”获得财政收入的政策主张为以后历代理财者所推崇和效仿，成为封建国家经济干涉主义的理论基础。

总之，秦汉时期流转税思想是先秦时期的继承与深化，在此基础上又有了新的变化趋势，即征收流转税的政策目标愈来愈趋向于以获取财政收入为主，而在整个流转税制结构中有倚重于消费税的趋势，在管理方面也越来越完善，同抑商之间的关系自始便有着密切的联系。

① 《汉书·昭帝纪》。

第三章　魏晋南北朝时期流转税思想

三国两晋南北朝(公元220～589年),先后经历了三国鼎立、西晋的短暂统一、北方十六国的纷扰,东晋偏安江南以及南朝宋、齐、梁、陈和北朝的北魏、北齐、北周的南北对峙。这一时期是我国历史上政治十分动荡,朝代更替频繁的时期。虽然动荡的政治局势以及连续不断的战争给经济的发展带来了障碍,可一旦政治局势稍有好转,经济便开始恢复、发展。总的来说,这一时期,东南、西南以及中原以北的区域,经济比汉代有所发展。而广大的中原地区经济因政权更迭频繁,破坏较为严重。

在此基础上,商业和商品流通经常受阻,但统治者采取了诸多恢复和发展农业和手工业的措施,在客观上也促进了商业的恢复和活跃。因此,本时期的政治与经济情况,决定了该时期的流转税思想具有不同于前代的特质和表现。

第一节　财政关税思想的萌芽

三国两晋南北朝时期,由于对外贸易不发达,所以关税主要是境内关税。而境内关卡的设置,又有陆关和水关之别。陆关,指陆道上所设置的关卡;水关则指在水路渡口或水中之小洲设置的关卡,前者称关津,后者称为渚。无论是陆关还是水关都有官吏把守,向通过关卡的官吏征税。征税的目的已区别于前朝,不是为了国防之需,而是更多地为了满足国家的财政收入,以用于封建统治阶级的赐予和挥霍。从这个意义上说,这一时期的关税思想呈现出财政关税的特质。

一、财政关税征收的理论依据

本时期的政治局势决定了各朝代财政都较困难，所以对关税的征收也较频繁。秦汉大一统时代取消的关税，在汉末和三国时被割据政权所恢复。西晋时只免了一年，东晋过江后，因为国土小开支大，关税更加苛繁。南朝也是如此，如南朝时宋的关税，不但课征荻、炭、鱼、薪，而且课及米粟；不但课征一次，而且重复课税。孝武帝大明七年（公元464年）正月昭："东境去岁不稔，宜广商货。远近贩鬻米粟者，可停道中杂税。"[①]道中杂税，主要指陆路关卡所课的税。

尽管于各处关卡乱征关税遭到了百姓的强烈反对，但仍然有思想家为关税的征收寻找理论上的依据，其中的代表人物便是后秦时的姚兴，姚兴以国用不足，建议增关津之税，盐、竹、山木都要课税，"国用不足，增关津之税；盐、竹、山木皆有赋焉"。群臣都认为不宜课征，姚兴则认为，"能逾关梁，通利于山水者，皆豪富之家。吾损有余以裨不足，有何不是?"[②]能通过关梁取利于山水者，都是富豪之家，增关津之税是损有余以补不足，所以是可行的。很明显，这一思想突出了课征关税的目的是为了弥补国用不足，是出于国家财政征收的目的。

但同时，这一思想亦明显地带有欺骗性。统治阶级所认为的增加关津之税是损有余以补不足是不符合客观实际的。那些富豪之家"出入津，不忌宪纲，侠（挟）藏亡命"，而且常传令护送他们的船包运私货，顺利通过关津，津吏是不敢查的[③]。守检查、遭留难的都是那些无势力的商贩。南朝制度：军人、士人、二品官，并无关税。与官僚贵族勾结的豪商，也有种种办法偷税、漏税，仗势横行，谋取厚利。因此，负担就全集中在一般商人的身上了。

---

① 《宋书·孝武帝纪》(一)，第134页。

② 《晋书》卷一一八，《姚兴载记下》。

③ 《南齐书·荀伯玉传》，《南史·郭祖深传》。

小商小贩过津口时，纳十分之一的税是当然之事。关津之税实使商人不胜负担，绝不像姚兴所言能损有余以补不足，这只是理论上的谎言。但这一思想毕竟为财政关税的征收提供了理论上的依据，亦为后世的统治者所乐道。

二、财政关税思想的突出表现——牛埭税的征收

牛埭税，是对经过水埭的商旅征税，通行于东晋、南朝。所谓埭，是用来防水的堰（如同现在的堤坝）。如浦阳江（今曹遏江）"南有上塘，阳中二里，隔在湖南，常有水患，（会稽）太守孔灵符遏峰山前湖为埭，埭下开渎，直指南津，有作水楗（水闸）二所"[①]，以防水患，但带来了行船的不便。所以官府多备牛力，以牵船过埭，因名牛埭。埭之初设，行舶过埭只需交少许使用费即可，公私两利，并无课税之意。但到后来，守埭官吏一变原来的收费，凡过埭者，不论使用牛力与否，都课以重税，直到阻止别道通行，以增加埭税。

永明六年（488 年），西陵戍主杜元懿上书齐武帝，主张在浦阳等地加倍征收牛埭税。他说："西陵牛埭税，官格日三千五百"，可以再增加一倍，使每年收入达到百万："日可一倍，盈缩相兼，略计年长百万"。西陵牛埭在萧山钱塘江畔，由于"风涛迅险，人力不捷，屡致胶溺"，官府设立牛埭，用以协助商船通过，并借此征收一笔通过税。埭有埭司，负责征收牛埭税。杜元懿建议除西陵继续征收外，还可以对"浦阳、南北津及柳浦四埭"也加倍征收，"乞为官领摄，一年格外长四百万"。杜元懿的意见引起了顾宪之的强烈反对，他指出，立牛埭的原意，本来为了利民而非为征税，"寻始立牛埭之意，非苛逼就以纳税也……济急利物耳。既公私是乐，所以输直无怨"，但官府却把它作为增加收入的一种手段，甚至禁绝其他道路，强迫行人必须由津埭通过。徒手经过者要交税，不烦津埭牛力者也要交税，引起人民极大反感。他说，埭司"或禁遏别道，或空税江行，或扑船倍价，或力周而犹责。凡如此类，不经埭烦牛者上详，被报格外十六条，并蒙停寝，从来喧诉，始得暂弭。案吴兴频岁失稔，今兹犹馑，去之从丰，良田饥棘。或征货贸粒，还拯亲累；或提携

① 《水经注·浙江水注》。

老弱,陈力糊口,埭司责税,依格弗降。旧格新减,尚未议登,格外加倍,将以何求?"他主张"皇慈恤隐,振禀蠲调,"指责杜元懿"秉性苛刻","幸灾榷利,重增困瘼,人而不仁,古今共疾"①,顾宪之的批判锋芒锐利,显示出他思想的战斗性。由于顾宪之的强烈反对,杜元懿之议终未实行,"上纳之而止。"

这一时期出现的各种名目的关税,其结果只能是阻碍了物资的正常交流,影响了商业的进一步发展。这种情况,统治集团中有些人已经看到,有些人则不承认这一点。在南朝各代,新王朝的统治者即位,政治稳定时,鉴于前朝重税之弊,就说要减税;政治腐败时,只从财政搜刮出发,税就征得很重。这已成了一种"规律性"了。关税之所以不时叫嚷要"优减","宽免","以救民切","以舒民患",是因为关税太重,既已对商业的正常发展产生了不良影响,在商业发展受阻而日趋萧条的情况下,杀鸡取卵,反而不利于财政收入的增加。为了巩固税源,缓和与中小商人之间的矛盾,就不得不在"为民"的口号下,采取这样的调整措施。事实上,这样的调整措施效果很微小,作用时间很短暂,所以每隔一段时间就要来一次。短视的统治者为了增加财政收入,供其奢侈浪费的开支,增加关税在他们看来是"速效"的办法。地方官吏也纷纷向关税中去捞取油水,营谋"私蓄","奸吏舞文,妄兴威福",收税不依法令,自立准则,所得可能比上缴中央政府的还多,减税命令下来,也只是瞒上压下应付一阵。这一时期关税长时间内苛重难减,也是必然的结果。

三、 财政关税思想的影响

本时期处于财政苛敛目的而征收关税的思想,在客观上导致了一系列财政关税政策的出台,一方面,的确缓解了统治集团的财政困难;另一方面,也带来了不少消极的影响。具体表现在:

1. 关税征收物品,种类繁多,且无定制,税吏营私舞弊,害民不浅

南朝宋时,吴喜在荆州时,征课无定科,随时随地课取。不仅无定科,而

① 以上引文均参见《南齐书·陆晓慧附顾宪之传》(三)。

且有时不论经关者“罪无大小,横没资载”[①]。这种严酷无度的征课,是有害于商品流通的。南齐时,关税征收较重,且守关之吏多假公济私,肆意盘剥商旅。永明十一年(公元493年)八月,武帝曾下诏:“关市征赋,务从优减”[②],但实际上还是照征如常。南陈时陈宣帝太建十一年(公元579年)曾指斥“重以旗亭关市,税敏繁多”,“逼遏商贾,营谋私蓄”[③]之弊,要求订立制度,出榜公布,但到陈后主肖叔宝时,更是恣意征收,“税江税市,征取百端”[④],并把石头津税敕给徐孝克,征取多少,完全由徐孝克一人决定,这更谈不上按定制征收。

2. 本来为使用费性质的税收演变为内地关税

这主要是指前述的牛埭税和四桁税,两者为使用费性质,但到后来,埭、桁变成了关卡,不论使用公物与否,都要强行交费,费实为税。其中,四桁税,桁即浮桥,桁税是对通过浮桥的商旅征税。它同牛埭税一样,也是从使用费演变过来的。开始设浮桥,是为了方便人民通过河道,只收少量的使用费,但到后来亦变成税了。总之,东晋南朝的牛埭税和四桁税是十分苛重的,它寓于使用费之中,费税相混,更使贪吏有可乘之机,往往是须物之处,“以复重求”,使百姓贫困。

四、 南北朝关税思想的差异

前述财政关税思想大多体现在南朝政府的关税政策和措施之中,而北朝的情况却大不相同。在很长一段时间内,北朝的统治者不太重视关税的征收,这尤其体现在北魏统治时期。可能因为北方的商业在北魏前期还不够发达,而国家掌握的编户较多,租调收入较多,所以没有征收关税。明元帝(拓拔嗣)时“教行商贾,阜通货贿”[⑤],奖励发展商业。北魏中期孝文帝时,

① 《文献通考·田赋考》。
② 《南齐书·郁林王》(一)。
③ 《陈书·宣帝纪》(一)。
④ 《南史·陈本纪》。
⑤ 《魏书·食货志》。

商业较前显呈活跃，关税也仍未开征。北魏后期宣武帝元恪即位(500年)甄琛上表请驰盐禁时说："今伪(指南朝)弊相承，仍崇关廛之税；大魏恢博，唯受谷帛之输。是使远方闻者，罔不歌德。"[①]这个代表商人利益(或自己经商)的官僚，对北朝政府的不收关市之税是津津乐道的，从他的话里，可以看出南北关税政策差异之大。

但是北朝政府也不能始终保持不收关税的政策。到孝明帝(元翊)时，统治阶级奢侈腐化更甚，宫廷开支十分巨大，再加上"六镇降户"起义爆发(525年)，"费用浩繁"，在入不敷出的情况下，就开始收起关税来。至北齐末武平六年(575年)以"军国资用不足"，有给事黄门侍郎颜之推建议，"税关市舟车山泽盐铁店肆轻重各有差"[②]，但关税收入不是用来保证军国之需，而是用于后主无限的赐予以及御府声色的花费。

关市之税即使在征收时，占北朝政府财政收入的比重也并不算大，主要的剥削来源还是靠农民所生产的粮食(租)和布帛(调)。在北魏前期，没有关市之税，这种情况当然与商业的不够发达有关，但在北魏中期以来，商业已有恢复和发展，北方人口已多于南方，国家所掌握的编户又大大多于南方，也就是北方的商品流转总量应该大于南方。为什么统治者不像南方那样抓紧关市之税呢？可能是北方的当局者财政税收观念与政策思想不同于南方的统治者。从先秦以来，儒家都坚持农业单一税论，不赞成征收关市山泽之税；北朝时主持财政的人，实行的正是农业单一税，山泽之税只是暂时的措施——如盐税，实行与否颇有摇摆，关市之税更是不得已而为之。甄琛说："天下夫妇岁贡粟帛，四海之有备奉一人，军国之资取给百姓。天子亦何患乎贫？""山林薮泽……导民而弗禁……周礼虽有山泽之禁，正所以防其残尽，必令取之有时，斯所谓障护虽在公，更所以为民守之耳。魏之简税，惠实远矣。"[③]这就是关讥而不征，泽梁无禁，税惟粟帛思想的鲜明表述。北朝士

① 《魏书·甄琛传》。
② 《北齐书·后主纪》。
③ 《魏书·甄琛传》。

大夫不像南方士大夫那样好文学，尚玄学，而是崇尚经术，信奉儒家传统的经济思想，这样就很容易推行儒家的赋税政策。这也从另一个角度说明了，南北关税政策的不同，与双方在经济思想、税收思想上有差别，是有着密切联系的。

总之，这一时期关税思想已区别于先秦、秦汉时期，呈现出财政关税的特质。这种转变主要是由于这一历史时期的客观实际所决定的，即政局的动荡，朝代更替的频繁，使得人口大量流徙和隐匿，以人口为征税对象的算赋和口赋难以继续下去，国家财政收入无保障。在此情况下，统治集团将目标瞄向包括关税在内的商品流转税，以增加收入，资助国用。

第二节 “估税”市税思想

在前面两章中曾述及市税，主要是指对行商征入市税和对坐商征税，是指营业者在市内占有（无论是暂时还是较长时间）一定的场所而交纳的场屋税，这可以看做是狭义的或传统的市税，这一类市税在三国两晋南北朝时期继续存在，且呈现出新的征收思想。其实，市税的范围还要广一些，按照货物的交易额征收的税，更是市税中的一个主要内容。这类性质的税在东晋南朝时有个新名称，叫做“估税”，与过去的交易税有历史的渊源，也有新的时代特点。

一、革除传统市税制度弊端的思想

在秦汉时期，统治者就注意到市税征收的重要性，且当时征收市税的主要目的是为了维护市场秩序，而非出于财政收入的目的。但进入三国两晋南北朝时期，在政局动荡、战争不断的大背景下，统治者开始站在增加国家收入的角度来看待市税，因此使得市税思想呈现出新的变化。

由于这一时期各朝代的统治者都出于财政考虑加重了市税的征收，使得百姓深受其苦，有的统治者意识到了这一危害，便主动进行改革。如西晋武帝即位之初，就下令免除一年为期的市税；刘宋时，建国之初也下诏减轻市税，但这些调整和改革都收效甚微。

至南齐初，市税征收十分繁重，故豫章王嶷到荆州任刺史时，针对市税滥重的问题，改定规章制度，以税还民，使之成为定制，又禁止市税税及苗籍，并限制官吏经商，盘剥百姓，因而受到百姓的欢迎①。永明十一年（公元493年）太孙继位后，强调减轻市税，下诏“关市征赋，务从优减”②。南齐曾实行包税制，害民更深。针对包税制，竟陵文宣王子良说：“司市之要，自昔所难。顷来此役，不由才举，并条其重赀（同资），许以贾衒。前人增估求侠，后人加税请代，如此轮回，终何纪极？兼复交关津要，共相唇齿，愚野未闲，必加陵诳，罪无大小，横没资载。”③这段话深刻地指出了包税制的种种弊端。管理市场，自古都非易事。但实行包税制，其害尤大。包征的官吏，不重视才干，只重视所有资产的多少，结果导致了包税者不断加重征课，增加了商人的税负。商人为了将税负转嫁给消费者，便提高物价，物价腾贵，一般百姓购买不起，反而使商人的商品销售额大大下降，最后影响到征收税额减少，往往使包税者完不成任务，受到没收家资的惩罚。萧子良对这种不合理的市税制度给予严厉的批评后，坚决主张“宣敕有司，更详优格”，革除市税征收中的种种弊端。

南梁元帝时，郢州刺史陆法和，在列市之内，不立市丞，以空槛籥放在路中间，上面凿一小孔以装钱，坐商和行商则大致估算货物的多少，投钱入槛中，掌管槛籥的税吏，等到天将晚时，才开槛取钱，计算清楚，送入府库。④这表达了陆法和的一个良好愿望，若能这样征收市税，则十分文明，可在当时，是根本行不通的。

针对南陈市税的征收又繁又多，且税吏中饱成风，使国家财政收入甚微的现象，宣帝太建十一年（公元579年）有诏曰“文吏奸贪，妄动科格……弗弘王道，安拯（惩）民蠹？今可宣勒主衣、尚方诸堂署等，自非军国资须，不得缮

---

① 《南齐书·豫章文献王传》(二)。

② 《南齐书·郁林王纪》。

③ 《南齐书·竟陵文宣王子良传》(三)。

④ 《北齐书·陆法和传》(二)。

造众物……市估津税，军令国章，更须详定，唯务平允……所由具为条格，标榜宜示，令喻联心焉”[①]。这是陈宣帝为增加财政收入的办法，试图通过规范市税制度，革除市税征收中官吏私自贪污的不良风气，以此减少税收的损失。这一思想事实上仍以掠取财政收入为前提，对于百姓的税收负担并没有寄予同情。

二、“估税”市税思想

史载：“晋自过江，凡货卖奴婢、马牛、田宅有文券者，率钱一万，输估四百入官，卖者三百，买者一百。无文券者，随物所堪，亦百分收四，名为散估。历宋、齐、梁、陈如此以为常。从此人竞商贩，不为田业，故使均输（纳税），欲为惩励。虽以此为辞，其实利在侵削。”[②]这种估税也就是交易税，有文券的“输估”可称之为“契税”，用于大宗或特定商品的交易，零星、分散、不立文券的经常发生的小额交易，称之为散估税。这种估税是南方特有的一种税制，北魏及周、齐史文中未遇见涉及估税之文。因为北魏在孝昌以前根本无市税，估税自更无有。[③] 孝昌初收市税，每人一钱的市税，自与估税无关，店舍分五等收税，当是场屋税的性质；武平六年的“税关市……店肆轻重各有差”，其市税虽有可能是商品交易税，但未闻如南朝那样属买卖双方共出4%的估税。北朝之无估税，与它长时期内不以关市税为重的思想是一致的。

这一新型的市税制度所包含的税收思想主要有以下几点：

(1) 税收负担由买方、卖方共同负担的思想。过去的交易税是由卖者出，由商人出，东晋南朝的估税则由卖者、买者双方分出，卖者负担3%，买者负担1%。这样，卖者所负担的3%相当于过去2%税率的一倍半，再加买方出1%的税，纳税的面是有所扩大的。这一方面有利于增加政府的财政收入；另一方面也反映了公平税负的税收理念。

---

① 《陈书·宣帝纪》(一)。

② 《隋书·食货志》(三)。

③ 说本李剑农，见所著《魏晋南北朝隋唐经济史稿》第104页。

（2）立契与征税相联系的思想。东晋南朝时盛行商品交易立券的做法，“诸有市易……明从券契”[①]，徐陵说：“吾市徐枢宅，为钱四万，任人市估，文券历然”[②]，房屋、土地等不动产的买卖也要付市评估，确定价格，立有文券，据以征税。正是这种商品交易要立文券的客观做法，使得统治阶级乘市场交易渐盛之机，新立税目，将立契与征税相结合，以此为弥补财政收入的手段。

应该说，估税制度及其征收思想的出现是历史的进步，它适应了当时市场上商品交易的客观需要，对于规范市场商品交易秩序有一定的积极意义，且丰富了流转税税种。但同时我们也应该看到，征收估税和散估税，统治者名义上是因为人们多弃农经商，不肯从事田业，为了抑商励农才征收的，而实际上则是为了增加财政收入，以供统治者的挥霍和奢侈需要。估税和散估税的开征事实上加重了商人的负担，最终是百姓受价格上涨之害。所以东晋甘卓镇襄阳时，“为政简惠，善于绥抚，估税悉除，市无二价。”[③]以后南朝的宋、南齐、南梁和陈各代，因为估税过苛，于商不利，宋文帝诏令减轻，梁陈下令“停责”。要减免估税，正说明了估税之重，已经对商业起了很不好的影响。萧子良曾说：“顷市司驱扇，租估过刻，吹毛求瑕，廉查相继。”[④]租估并列，可知估为市租以外的估税。“过刻”的估税，其实又何止南齐时如此，东晋南朝大部分时间里估税都是很重的，而且有的是超过了4%的法定税率。

第三节　“寓税于价”消费税思想向通商思想的过渡

本时期对于盐、酒等消费品，总的来说，仍在贯彻先秦、秦汉时期以来的“寓税于价”的消费税思想，通过对盐、酒等消费品实行专卖，获得财政收入，但由于豪强贵族侵夺盐利，东晋以及南北朝也曾推行征税制。所以，这一时

---

① 《晋书·王浚传》。

② 《徐孝穆集》(五)，《与顾记室书》。

③ 《晋书·甘卓传》(六)。

④ 《南齐书·竟陵王子良传》。

期消费税思想的一个特点是，对消费品的专卖和征税交替进行。

一、 甄琛请开盐池之禁的思想

这一思想产生于北魏宣武帝时代围绕盐禁问题而展开的一场争论。当时甄琛请开盐池之禁，不赞成官府在盐池设立盐司以收税利的传统做法，他建议驰盐禁绝非以征税制代替国家专卖，而是听任人民自由取给，官府只是加以"监导"而已。甄琛的这一思想事实上否定了国家征课流转税，因为他主张国家在征收粟帛一类农业税而外，不必再征收其他租税，特别是不必征收关市之税，"唯受谷帛之输"①。

当时，有些人在征收盐税、关市税等问题上提出了与甄琛的建议完全不同的观点。他们指出：征收这类税可以增辟新的税源，减轻农民的租税负担，不一定是为了统治阶级的私人利益，故此类税与农业税一样同系应予征课的对象。在这里，他们还为"税"的内涵下了一个定义，即"税之本意，事有可求，因以希济生民，非为富贿藏货"②。以此定义来衡量流转税，无非是说当国家需要征税时，应该考虑全体人民的利益，不应使富裕工商业者独得隐匿其财货，由此证明课征的必要性。以上争论最后以甄琛的驰盐禁建议得到采纳而暂告一段落。但这一争论的本身，足以说明北魏后期商人资本之大有发展，已是不容争辩的事实。只不过对此同一客观事实，反对者主张通过减轻或取消封建各项流转税的束缚以奖励商业的发展，而赞成者则认为必须开辟新的税源罢了。双方都以承认商业的发展作为前提，这也就为北魏赋税思想增添了一个新的内容。

二、"寓税于价"消费税思想与自由征税思想的交锋

这尤其体现在食盐这一消费品上。食盐，作为人民生活的必需品，其利之大，可赡军国之用，所以豪强多和政府争夺盐利。三国两晋南北朝时期，

① 《魏书·甄琛传》。
② 《魏书·甄琛传》。

政府多占盐利，实行寓税于价的消费税政策；而由于豪强贵族侵夺盐利，这一时期也曾行征税制。专卖和征税的交替，体现了“寓税于价”的消费税思想与自由征税思想的交锋，揭示了传统的“寓税于价”思想已受到严峻挑战。

东晋时，豪门贵族侵占山川，强占盐利。盐利多入豪门贵族之手，影响了食盐专卖制的继续推行。至南朝四代，只好允许人民私煮。如盐城“县人民以鱼盐为业，多不耕种，擅利巨海，用致饶沃”①。对以煮盐为业的人民，课征盐税。南齐初高帝建元元年(公元479年)四月诏：“自庐井毁制，农桑易业，盐铁妨民，货鬻伤治，历代成俗，流蠹岁兹。援拯遗弊，革末反本，使公不专利，氓无失业。二宫诸王，悉不得营立屯邸，封略山湖。太官池御，官停税入，优量省置。”②从这段文字我们可以知道，梁时豪强贵族多封略山湖，霸占盐利。为了使公私都能得到盐利，必须禁止豪贵霸占，使私民煮盐，政府课以盐税。所以齐政府对盐实行征税制。陈时，则有比较明确的记载，说明陈采取征税之制。陈世祖文帝天嘉二年(公元561年)十二月，“太子中庶子虞荔、御史中承孔奂以国用不足，奏立煮盐赋及榷酤之科”③。

三、“寓禁于征”的酒税思想

三国两晋南北朝时期对于酒有时禁酿，有时专卖，也有时征税。但往往在发生自然灾害或者粮食产量不足的时候，统治者便实行禁酒政策，并且将征收酒税和禁酒结合起来。如北齐武成帝河清四年(公元565年)时，因粮食产量不足，实行禁酒。后主高纬武平六年(公元575年)，军国资用不足，为了增加财政收入，在增加其他税收的同时开酒禁，许民酿造、销售，同时开征酒税。因为酒税征收很重，加之富商从售酒中牟取暴利，所以百姓要饮酒，就得出很高的价钱，这无疑也起到了禁酒的作用。

总之，这一时期的消费税思想在前代“寓税于价”的基础之上有所继承

① 《太平寰宇记》一二四，引《南衮州记》。
② 《南齐书·高帝纪下》(一)。
③ 《南齐书·高帝纪下》(一)。

和发展，出现了“寓税于价”消费税思想和自由征税思想的交锋，在征收酒税的时候体现了“寓禁于征”的思想，说明封建统治者已注意到消费税对调节社会产品需求的杠杆作用。同时，由于这一历史时期的客观实际，消费税制度的混乱无常，使其所体现出的消费税思想也难以有一核心。

第四节　流转税征收制度的变革：包税制

在东晋南朝时，南方政府对关市税的征收有一套机构和人员。关津埭桁之税有专司(津主、戍主)负责；市租与市估则都主于市令，市令下有市丞、牧佐之属，通称“司市”或“市司”。由于关市税收入多，收税是肥缺，贪官污吏便争相担任司市之职，以抬高上缴税额作为营取职位的竞争手段。往往前任司市夸说自己能多收到税而得官，后人又提高可收到的税额而求继任司市。这样就形成了立额包征制，包税额也越来越高。

立额包征制，简称包税制，大约在齐、梁之际就已经确立了。南齐永明四年(486 年)，萧子良的奏疏中就反映了当时司市之职，不论人才，但有家资足以为保证，能承认高额税收，即可得之。包税制主要针对市税和牛埭税等进行包额征收。

以关津之税的立额包征为例。在永明六年(488 年)，会稽郡西陵戍的戍主杜元懿上书说：“吴兴无秋，会稽丰登，商旅往来，倍多常岁。”西陵戍的牛埭税“官格”(官定税额)每日三千五百钱，据当时情况估计，日额可增加一倍，“盈缩相兼，略计年长百万”。希望连同附近的“浦阳南北津及柳浦四埭”一起“为官领摄”，加倍收税，“一年格外长四百许万”。西陵一埭“戍前检税，无妨戍事”，其余三埭，“自举腹心之人”[①]去干。杜元懿本来已是西陵戍的包税人(年税额一百二十六万)，由他一人及其心腹来包揽。这件事在朝廷内部引发争论。顾宪之奉命“访察”，提出不同意见(前已述及)。最后，齐武帝从顾宪之之言，未增税。但从这事可以看出，牛埭税是立额包征的。

① 《南齐书·陆晓慧附顾宪之传》。

包税制是南方特有的制度，北方没有包税之说，这与北方不重视关市税的思想是有密切联系的。从北方全部地区总计，商品流转的总额，虽然大于南方，但从一个市场、一个关津来看，南方的商业活动又往往较北方为盛，所以南方在关市税上特别下了工夫。包税制的产生并不是偶然的。一方面，由于这一时期政权频繁更迭，各代统治者放松了税制的建设和征管工作，税收征管力量薄弱，这是税收包征制产生的重要原因；另一方面，客观上，在征税地点很广泛而分散时，无法普设税吏，即使设有税吏，也无法确知实际税收多少，无法防止税吏的贪污中饱，在这样的情况下，立额包征制在封建统治者看来，倒未必不是一种简单可行的办法。因为它可以节省政府课税所需的费用。

但包税制的缺陷、弊端亦很明显。在包税人竞相哄抬税额的情况下，正当商人的负担日益加重。当时“加格置市者，前后相属”，由于立额太高，“非惟新加无赢，并皆旧格犹阙”，但包税人“惧贻谴诘”，不敢让税额有缺，亟图润私，更要使所收有余，所以他们便“百方侵苦”，以苛刻为务，逼遏商旅。另一方面，关市税等流转税是间接税，商人们缴纳完税以后，必然要加到商品的价格中去，转嫁给买者，人民的负担就随之加重了。包税制的结果是“为公贾怨”，给政府招惹来很多的民怨。[①] 这种制度更加重了封建税制的弊病，对商品流通起着很大的阻碍作用。

抬高税额，刻剥商民，毕竟也有一个限度。税收得实在过重，商品的价格加得过高，销路就狭窄，如不加进商品的价格，则交纳了重税后，商人利薄，甚至会赔本。这样就会影响商贾的往来，税收也就会渐趋减少，收入不如额的局面终会到来。盈转化为缺，在增税侵渔亦不能如额时，包税人只好自己贴钱赔账。有的人屡次赔本而不堪忍受，或卷逃而去，家资被官府籍没者也有之。梁时这种现象已经很多了。天监十七年(518 年)梁武帝在文中说：“凡坐为市埭诸职，割盗衰灭，应被封籍者，其田宅车牛，是民生之具，不

① 《南齐书·顾宪之传》。

得悉以没入，皆优量分留，使得自止。”[1]足见官府与包税人既有勾结又有争吵，因包税人舞弊或赔累，不能上缴税额时不肯吃亏的官府还是要给包税人处分，以至没收其家财。只是其中的田宅车牛关系生计，不全部没收，从宽留出一点，让他能生活而已。

总之，这一时期出现的包税制，给法外横取大开了方便之门，对正当的商业来说，其影响是非常恶劣的。在其后中国封建社会的历史上，有一些朝代也受这一思想的影响，对流转税的征收采取包税制，这种恶例即开自南朝。

第五节　评　析

尽管三国两晋南北朝是中国历史上一个多变和内乱迭兴的时代，但流转税思想在本时期仍较为活跃。这主要是因为越是在战乱、经济困难的时期，财政、赋税问题越多，赋税思想就越有可能比较发达。三国两晋时期流转税思想的发展证明了这样一条历史的规律。

据前几节所述，流转税思想在这一时期呈现出不同于前代的特点和特质，其中既有继承，亦有发展，具体表现为以下几个方面：

一、流转税的征收越来越趋向于财政目的

这一倾向在本时期出现的关税、市税、消费税思想中都有所体现。首先看关税思想，统治集团中的代表人物在为增辟新的关税税源而作辩护时，提出的损有余以补不足的观点，显然是从弥补国家财用的角度出发来考虑关税的增收，而将一些本来为使用费性质的税演变为内地关税的政策主张，也无疑体现了统治集团的搜刮理念；其次，市税思想在本时期也逐渐背离先秦时期的“薄而不征”原则，尤其是“估税”制度的创立，更是鲜明地体现了统治者的财政搜刮倾向，政府根据房产、地产、畜产典卖不断增加的事实，将税收

① 《梁书·武帝纪》。

负担分摊于买方和卖方，使得市税税率明显提高，且纳税面有所夸大，大大增加了国家的财政收入；最后，消费税思想中强化“寓税于价”的主张和政策，也说明了本时期的统治者清楚地认识到“寓税于价”的财政意义，而不像先秦、秦汉时期那样更多地为了打击和压制商业的发展和商人日益膨胀的势力，一旦面临豪强贵族与之争夺消费品的利益时，统治者则退而求其次，采取民间自由经销，政府收税的做法。从中可以看出，本时期对于流转税征收政府所采取的核心指导思想始终围绕如何取得更多的财政收入。

产生这一核心思想的背景和根源主要基于以下两点：一是当时政局动荡、连年混战的时代大背景所决定的。各政权要想在动荡的局势中获得一席之地，必须有充裕的物质基础，这就给财政收入带来了巨大的挑战，为了满足国家的各项开支，统治者便想方设法增立新的税目，或在原有税目基础上进行增税，这些税收政策的出台本身就体现出注重财政征收的税收思想，而为了对其作出合理的解释，一些统治阶级的代表人物便试图从理论上为其寻找依据。二是本时期商品经济的发展为这一思想的产生提供了契机。尽管由于战争的破坏，本时期商品经济的发展遭受了恶劣的影响。可一旦政治局势稍有好转，经济便开始恢复和发展，加之新即位的统治者大多采取安抚政策，在一定程度上有利于商品经济的恢复和发展。在此基础上，统治者才可能出于财政考虑，增收诸项流转税，增设新的市税——估税，并将一些具有使用费性质的税转变为内地关税。如果说，前者是促使本时期流转税征收趋向财政目的这一思想产生的外在动因，那么，后者则是内在动因。

二、 出现了要求革除关税市税制度弊端的思想

这主要是针对本时期统治者出于财政目的，增收关市税、增设税目，尤其采取包税制等客观现实而产生的。无论是顾宪之的反对增加牛埭税思想，还是萧子良的反对包税制、要求革除市税征收弊端的思想，都从另一个角度反映了这一时期流转税思想的活跃。正是这些对立面的观点主张，丰富了本时期乃至整个历史长河中的流转税思想。尤其是萧子良在论证包税制的危害是，述及到流转税的转嫁，认为包征的后果将是，包税者不断加重

征课，增加着商人的税负，商人为了将税负转嫁给消费者，便提高物价，物价腾贵，百姓购买不起，反而使商人的商品销售额下降，最终会影响征收税额的减少，“前人增估求侠，后人加税请代，如此轮回，终何纪极？”[①]这样的论述是深刻的，具有较强的说服力，亦对后世论述流转税转嫁问题产生了较大影响。

三、 流转税思想呈现出较明显的南北差异

这种差异主要体现在以下两个方面：

1. 南方较重视关市税的征收和税制的设计，而北方则相反

关市税即使在北方征收时，占北朝政府的财政收入的比重也并不算大，其主要的财政来源是租和调。产生这一差异的主要原因，一方面是南北方的经济、地理状况的不同所导致，由于南方多水运，水上交通较为发达，使其有条件增设关税税目，如牛埭税、四桁税的征收，又由于本时期中国的经济重心开始南移，南方的商品经济得到了较迅速的发展，使得南方在市税方面能创新出“估税”，是当时南方商品交易较发达的象征，而这些在北方则是不具备的；另一方面，之所以出现南北方流转税思想的差异，大概还在于南北方统治集团的经济、财政理念不同，这主要是由于北方当政者崇尚儒学，坚持农业单一税原则，认为税收来源应该是租和调，而南方的当政者受此影响则较弱，容易且敢于尝试新的征税方式。

2. 南方在征收关市税时出现了包税制，而北方则没有

史料证明，包税制是南方特有的制度。说到底，包税是一种征税的方式，或者说它属于税收管理的范畴。南北方在这方面的差异，与前述关市税方面的差异是一致的。正是由于北方不太注重关市税的征收，所以对于它们的征收方式亦有所忽略；而南方始终重视这一部分财政收入，加诸当时政府征管力量薄弱的现状，最后共同促成了这一制度的产生。包税制度在南

① 《南齐书·竟陵文宣王子良传》(三)，第697页。

方的出现，应该说有其合理因素，但由于封建生产方式的存在，任何合理的征税方式，都会被用来作为贪污、横取的手段，最终都会给百姓带来极大的危害。所以说，包税制的出现也恰恰暴露了这一时期封建税制的种种弊端。

总之，本时期流转税思想在继承前朝的基础上，呈现出了较明显的时代特点，并为后世流转税思想的演变奠定了基础。

第四章 隋唐、五代十国时期流转税思想

隋唐、五代十国(公元581～960年),之所以将其作为一个历史时期看,有两个原因:一是隋及五代十国时期,历史均很短暂,都不过几十年时间而已,而唐朝的建立、发展和衰亡将近300年之久,唐朝在这个历史时期占有很重要的地位;二是隋朝是一个统一的国家,政治、经济、文化等方面都有了很大的改革,而唐承隋制,并在隋朝改革的基础上作了进一步的努力,所以隋唐的承续关系是很密切的,而唐后期同五代的关系也很密切,五代十国的纷乱局面与唐后期的地方割据历史是一脉相传的。基于此,将隋唐五代作为一个历史时期来考察其流转税思想的演变。

隋唐五代时期是中国历史上承前启后的重要阶段。在政治上,结束了汉末以来的分裂局面,出现了大一统的强盛的隋朝与唐朝;安史之乱后,地方割据势力日益强大,最终出现五代十国的纷争局面。在经济上,由于生产力水平的提高,商品经济有了显著的发展。这一时期的赋税制度及赋税思想也发生了一系列承上启下的变化:

(1) 随着农业税制由人头税向田亩税的转化,“均平赋税”、疏浚税源的言论和措施不断被提出。

(2) 随着商品经济的日趋活跃,开拓流转税这一新税源的主张逐渐被付诸实践,赋税交纳形式的争论空前激烈。

(3) 面临中唐以后中央集权渐趋衰落,财权逐渐下移,中央财力短绌的严峻形势,要求加强税收法制,裁抑地方擅自加税的呼吁史不绝书。

这些趋势和变化都在流转税思想中有所体现。这一历史时期长达三个半世纪，各封建王朝之间，由于政治要求以及财政经济时弊不同，所出现的流转税言论与治税措施不可能是千篇一律，其中不乏一脉相传或共鸣之处，或具有自己的特点，因而显得较为丰富多彩。

第一节　财政关税思想的盛行

关税和市税在本时期往往被放在一起进行探讨，合称为"关市之征"。作为中国古代的两项传统的流转税，可谓源远流长，进入唐代之后，时断时续，其思想的发展脉络却较为清晰。概括地讲，主要体现在以下3个阶段：

一、唐前期"关市讥而不征"思想的复兴

唐初是不课征关税的。武周后期，由于长年边境多事，军费增加，加上冗官耗禄、武则天佞佛縻费等原因，国库比较空虚。《唐会要》卷八六《关市》载，长安二年(702年)"有司表请税关市"，凤阁舍人崔融上疏谏阻。崔氏谏文亦详载于《旧唐书》卷九四《崔融传》，是我们考察唐前期关市税思想的宝贵史料。

对于有关部门所提出的"税关、市"以扩充税源的建议，崔融提出了六条反对的理由，归纳起来有3点要旨：

第一，认为有司拟定的"税关市"条例违背了传统"关市之税"的"重本抑末"目的。他说："往古之时，淳朴未散，公田籍而不税，关防讥而不征。中代以来，浇风骤进，桑麻疲弊，稼穑辛勤，于是各徇通财，争趋作巧，求径捷之欲速，忘岁计之无余。遂使田莱日荒，仓廪不积，蚕织休废，弊蕴阙如，饥寒猥臻，乱离斯起。先王惩其若此，所以变古随时，依本者恒科，占末者增税。夫关市之税者，谓市之国门、关门者也，唯敛出入之商贾，不税来往之行人。今若不论商人，通取诸色，事不师古，法乃任情。"

第二，开征"关市之征"将对繁忙的商品流通活动造成不利的影响。他描述了当时商品流通的繁忙景象，略云：

“天下诸津，舟航所聚，旁通巴、汉，前指闽、越，七泽十薮，三江五湖，控引河、洛，兼包淮、海，弘舸巨舰，千轴万艘，交贸往还，昧旦永日。”

接着，他分析了将由征税环节所产生的对商品流通的妨碍作用，指出：

“今若江津河口，置铺纳税，纳税则检覆，检覆则迟留，此津才过，彼铺复止。非唯国家税钱，更遭主司僦赂。船有大小，载有少多，量物而税，触途淹久。统论一日之中，未过十分之一，因此壅滞，必致吁嗟。一朝失利，则万商废业；万商废业，则民不聊生。”

第三，崔融认为开征“关市之征”将不利于维护社会秩序的稳定。对此，他分了两层予以论证。首先，他从维护社会分工秩序的相对稳定性立论，指出仕、农、工、商的分工由来已久，“今复安得动而摇之?”若“不限工商，但是行人尽税”，势必扰乱“人情”，导致社会骚动。其次，他针对“富商大贾”这一经济势力，以及“豪宗恶少”这一政治势力的反应，指出“四海之广，九州之杂，关必据险路，市必凭要津。若乃富商大贾，豪宗恶少，轻死重义，结党连群。喑鸣则弯弓，睚眦则挺剑，小有失意，且犹如此，一旦变法，定是相惊，乘兹困穷，或致骚动”。

综上，崔融在谏论中关市并举，通过分析开征关市之税所带来的种种社会不良影响，提出去除关市之征的核心思想。可以说，这一思想同先秦时期许多思想家所主张的“关市讥而不征”的观点是一脉相承的，但存在本质上的差异，先秦思想家较少从理论上去佐证这一论点，只是将其作为一个施政的口号；而崔融在此却较全面地列举了反对关市之税的各种理由，从其对商品流通的影响、对社会秩序的扰乱等角度进行了深入的分析。其思想的闪光价值尤其体现为，在阐述反对税关市的理由时，似乎触及到这样一个真理：建立一种税制的时候，不能仅仅着眼于发挥税收的财政职能和作用，必须同时注重发挥其调节经济的杠杆作用，考虑它可能会产生的政治影响。而在中国封建社会的税制发展史上，重视前者，忽略后者的现象屡见不鲜。因此，崔融的谏疏确有发人深省之处。

但是，我们也应该看到，随着封建社会商品生产和交换关系的逐步发展，封建国家财政迟早是要开征“关市之征”以扩充税源的。这是符合经济发展趋势和税源选择意向的。尽管长安二年有关部门拟定的“税关市”方案有很多缺陷，但是，崔融的反对理由也不见得条条都能成立。因为开征关市税总是要损害商人的既得利益的，而从理论上说，纳税环节的弊端是可以通过完善规章制度加以解决的。

二、 唐后期关税政策思想的变化

唐代后期(756～907年)的“关市之征”有明显的变化，主要表现在关津之税的兴废及其法律地位的演变方面。这一变化亦体现出本时期关税思想的发展。对此分两个阶段进行分析：

第一阶段为安史之乱爆发至实施两税法之前(756～779年)。当时由于战乱骤发，唐朝顿失洛阳、长安，中央国库相继丧失，军费匮乏，肃宗李亨为了筹措平叛费用，不得不于上元年间(760～761年)“敕江淮堰塘商旅牵船过处，准斛纳钱，谓之埭程”[1]，从而明令开征地域相当广泛，采取从量税形式的关津之税。事实上，在此之前不少地方军政长官已经纷纷开征“关津之税”，同时征收“市肆之税”。例如，乾元元年(757年)东京(洛阳)留守李巨“于城市桥梁，税出入车牛等钱，以供国用”。[2] “诸道节度使、观察使多率税商贾，以充军资杂用，或于津济要路及市肆间交易之处，计钱至一千以上，皆以分数税之。”[3]这一阶段的关市之征的财政目的渐已抬头，唐代中央对地方自征关市之税采取了听之任之的态度。

第二阶段是建中元年实施两税法至唐末(780～907年)。建中元年，德宗在宣布实施两税法改革的同时，规定“今后除两税外，辄税一钱，以枉法论”[4]，旨在从法令上取消地方政府的征税自主权，这一禁令包含着禁止地方擅征关市之税的思想。史籍留存的一些例证，说明自实行两税法改革以来，地方不经奏请朝廷批准，不得擅征关市之税，且地方合法兴征的关市之税，

---

① 《通典》卷一，《杂税》。
② 《旧唐书》卷一一二，《李巨传》。
③ 《通典》卷一，《杂税》。
④ 《旧唐书》卷一二，《德宗纪上》。

其时空范围均相当有限。这一特征已明显不同于前一阶段。

总之，唐代后期，经过朝廷允许而合法开征的关津之税，其课征对象及开征时间都相当有限；方镇非法擅征的关市之税虽然存在，但其涉及的时空范围不宜估计太大，即关市之税在唐代后期财政收入结构中不占重要地位，其合法性也不够明确。

三、五代十国时期征收财政关税的政策思想

"关市之征"在五代十国空前发展，成为严重扰乱社会经济秩序的恶税。可以说，正是在这一时期，财政关税的政策思想得到了鲜明的体现。具体原因如下：

1. "关市之征"的法律地位上升

五代十国是由唐末藩镇割据局面发展而来的，随着强藩的称王称帝，他们以往擅征的关市之税便从非法的"榷率"变成堂而皇之的国税，获得了"商税"或"杂税"的合法名称。例如，后唐同光二年(924 年)二月，租庸使孔谦奏称："诸道纲运商旅，多于私路苛免商税，不由官路往来，宜令所在关防严加捉搦，山谷私由道路，仍须障塞，以戢行人。"①天成元年(926 年)李嗣源诏称："诸州杂税，宜定合税物色名目，不得邀难商旅。"②长兴二年(931 年)八月，他又诏"天下州府商税务，并委逐处差人依省司年额勾当纳官"③。再如，后晋天福元年(936 年)石敬塘下制："应诸道商税，仰逐处将省司合收税条例，榜于本院前，榜内该设名目者，即得收税。"④可见五代的"关市之征"已经是合法之税，为此建立了相应的税务机构，一般由地方政府派人监管，按朝廷规定的年额征足上缴。

2. "关市之征"的征税范围空前扩大

后唐同光三年，庄宗曾"出御札示中门下，以今岁水灾异常，所在人户流

① 《册府元龟》卷五零四，《邦计部·关市》。
② 《旧五代史》卷三六，《明宗纪》。
③ 《旧五代史》卷四二，《明宗纪》。
④ 《旧五代史》卷七六，《高祖纪》。

徙，以避征赋，关市之征，抽纳繁碎，宜令宰臣商量条奏”[①]。天成元年，明宗也说“州使置杂税务交下烦碎”[②]。可见五代十国时期，北方的关市之征已很繁琐。南方则有过之而不及。《宋会要辑稿·食货十七》记载：后蜀有“以鱼为膏，输其算”者，也有“以米面收算”者；成都府部民“凡嫁娶皆籍其帏账、妆奁之数，估价抽税”。南唐之初，有一年京城以外有雨，京城百里却闹荒灾，有个伶人却借机讥讽说：“雨怕抽税，不敢入京！”[③]闽国末年，王延政任用杨思恭大肆聚敛，杨思恭“增田亩山泽之税，至于鱼盐蔬果，无不倍征。国人谓之杨剥皮”。[④] 凡此说明南方“关市之征”何等苛暴！

3. 对同一商品重复计征，病商病民

后唐天成元年，明宗诏称：“省司及诸府置税茶场院，自湖南至京六、七处纳税，以致商旅不通。”[⑤]同光三年，庄宗敕曰：“今岁自京已东，水涝为患，物价腾涌，人户多于西京收籴斛斗，近闻京西诸道州府，逐道皆有税钱，遂不通行，乃同闭籴。宜令宣下京西诸道州府，凡收籴斛斗，不得辄有税率，及经过水陆关防镇县，妄有邀难。”[⑥]可见，其时关卡林立、重复课征已严重到封建帝王不得不关注的程度，极大地破坏了商品流通以及百姓日常生活和生产的进行。

综上，关市税思想在本时期大致经历了三个阶段的演变，这一演变的思想脉络不仅要受经济基础的制约，而且不可避免地受政治、财政诸要素的影响。首先看其经济基础，关市税思想的经济基础显然是商品经济，大致说来，商品经济在本时期的发展轮廓是：唐前期渐趋繁荣，经过安史之乱短暂破坏后，在中晚唐有显著发展，到五代十国则甚遭阻遏。显然，本文所描述的关市税思想的发展轨迹与之并不同步，甚至在唐前期和五代十国两个时

---

① 《旧五代史》卷三三，《庄宗纪》。
② 《册府元龟》卷五零四，《邦计部·关市》。
③ 《江表志》卷上。
④ 《资治通鉴》卷二八三。
⑤ 《册府元龟》卷五零四，《邦计部·关市》。
⑥ 《五代会要》卷二七，《闭籴》。

期还出现了背离，即唐前期商品经济逐渐繁荣，而关市税思想却主张“讥而不征”；五代十国商品经济遭到很大破坏，而“关市之征”的政策思想却空前活跃。造成这种背离的原因，作者认为应该联系当时的财政状况加以分析。首先，唐代前期商品经济趋于繁荣，而政府却几无关市之征，思想界也几乎是“关市讥而不征”的观点占主流，这主要是由于当时农业税持续增长，财政收支平衡状态基本良好。开元中裴耀卿对玄宗追述说：“往者贞观、永徽之际，禄廪数少，每年转运不过一二十石，所用便足。”[①]武周后期财政支出急剧增加，但尚未出现财政危机。崔融在谏“税关市”时最后指出：“必若师兴有废，国储多窘，即请倍算商课，加敛平人。”武则天之所以接受崔融的谏言而罢“税关市”之议，说明当时财政尚可支持，没有开征关市之税的绝对必要。因此，在农业税稳定增长，国家财政收支状况基本良好的情况下，“市廛而不税，关讥而不征”的传统思想，对唐朝统治集团的决策意向仍有较大影响，使他们对“关市之征”基本上采取了崔融所说的“去之而勿取”的态度。这从反面论证了本时期关税思想的一个特点，即财政考虑的趋强性，这同三国两晋南北朝时期的思想脉络是一致的。其次，中唐以降关市出现财政征收的政策思想，但当时的关市之征增长有限。原因主要有两点：一是，中央财政汲取流转税之利主要采取了盐、酒、茶等专卖形式，所入甚丰，成为朝廷的理财重点之一，相比之下，“关市之征”尚不被重视。二是，出于中央集权与藩镇割据势力矛盾斗争的政治现实要求，唐中央对地方开征关市之税始终加以抑制，并且在一定时间、在相当广泛的地区颇有成效。最后，五代十国时期之所以关市税的财政征收思想较为活跃，是因为这一时期农业经济遭受了战争的不断破坏，两税收入有限且不稳定，而军费需求有日益膨胀，诸割据王朝遂百计罗掘，从而把“关市之征”扩展到苛暴的程度，并在政策中体现了鲜明的财政征收目的。

通过以上分析，尽管关市税思想在本时期经历了三个演变、发展阶段，可一旦联系其所产生的时代财政背景，便不难看出，在其演变的过程中，始

---

① 《旧唐书》卷九八，《裴耀卿传》。

终贯穿着一条规律，即关市税的兴废同每个具体朝代具体时期的财政状况是密切相关的，随财政收入的恶劣而兴，随财政状况的改善而废，无论是唐代前期崔融的“关市讥而不征”思想，还是其后的关市财政征收的思想，都深刻地反映着这一演变规律。从这个意义上来说，本时期的关税思想是对前一时期财政关税思想的深化和发展。

第二节　“除陌钱”市税思想

有关唐代的“除陌”，通行的说法多指唐德宗建中四年（公元783年）六月户部侍郎、判度支赵赞推行的“除陌法”，“（赵赞）又以军须迫蹙，常平利不时集，乃请税屋间架、算除陌……除陌法：天下公私给与货易，率一贯旧算二十，益加算为五十。给与他物或两换者，约钱为率算之”[①]。据此，有关“除陌”的内涵，学术界历来有不同的看法。有的学者认为，此处的“除陌”仅仅指商品的交易税；有的认为除了指商品的交易税外，它还指对公私之间发生的给予或支付所征的税；还有的学者认为，“除陌”一词在唐代有性质迥异的三种不同内涵，且其形成时间也有先后之别，从史料来看，首先出现的是交易税性质的“除陌”，其次是由赵赞的“除陌法”始创的对“中外给用钱”的“除陌”，再稍后是作为新的货币流通方式的“除陌”[②]。后一说法比较全面。无论哪种说法，基本上都认同“除陌”作为商品交易税一内涵，而这正在本文所探讨的范畴内。

“除陌钱”是在唐建中四年元月以军费不足为名所征收的杂税。作为对交易所得所课之税，除陌在唐德宗时就已形成一种税制，即在商业交易中，每一贯的交易额，官方要抽取20文，以后增至50文税钱，如果以物易物，要将物折合成钱，再依税率抽取相当的货物作为税收。这一税制体现了以赵赞为首的统治阶级努力增辟新税源的思想。

---

① 《旧唐书》卷四十九，《食货志》。

② 见陈明光：《再论唐代的‘除陌’》，《中国史研究》1992年第2期。

作为赵赞所提出的租税创议之一,“除陌钱”的推行是唐代商品经济不断发展的客观现实在封建税收领域中的反映。“除陌”钱的征收尽管在实行过程中产生了许多弊端,以致泾原兵在长安哗变时,以“不税尔间架、除陌”作号召,致使其后不久政府同时废除两税。但作为一种新的税制创议,确实为增加国家财政收入开辟了新的课税领域,其中不乏合理的成分。因为这种交易税是直接课之于商人财产及商业行为的,它是以商品交换为前提,课征于流通领域,因而具有负担可靠、税源稳定、征收方便等优点。这表明赵赞对流转税在国家财政经济中的地位有了一定的认识。赵赞根据唐代商业的发展和商品流通扩大的状况,试图从流通和分配环节确立交易税制度。他既主张对交换环节进行征税,如对茶、木、竹、漆及交易行为征税,又认为在流通环节征课后,商人获利仍很大,因而需要在分配环节再一次征课,如对商人交易所带的现钱征收缗钱税 2%。赵赞完全从财政的目的出发主张征收交易税,并进行了综合分析与整体设计,几乎没有抑商的特征。尽管由于税负增加过重,商人负担大增,但把税收建立在商业发展的基础上,即在扩大税源的前提下,谋求财政收入的稳定增长,这是很有见地的。因此,后世有学者称间架、除陌二税本身“并非完全一害民之政,但未得其人,终为殃民误国之制”①。赵赞用商业原则开辟财政收入来源的思想,是值得称道的。

但同时我们也要认识到,除陌钱的推行所产生的弊端。一方面,根据赵赞的规定,凡公私的交易,每贯征税 20 文,后来增加到 50 文,税率为 5%。如果是物物交换,就折钱纳税,由牙商登记,第二天汇总收税。如果偷税漏税达 100 钱者没收其资产,达 2000 钱者另受刑杖六十,检举者赏钱十千,取于逃税者的家资。这样,牙商“得专其柄,率多隐盗”,利用职权之便,肆意隐没税款;另一方面,“公家所入,曾不得半”,结果“怨 DU 之声,嚣然满于天下”②。除陌钱的征收,由于税率过重,税赋的大部分最后落在消费者身上,尤其是广大劳动农民的身上,因此自然遭到抵制。可以说,赵赞采取的这一

① 见刘不同:《中国财政史》第三编,第 204 页。

② 《新唐书》卷五十二,《食货志》。

增辟税源的举措，既损害了商人和市民的利益，又触犯了贵族、官僚地主的既得利益。

总之，本时期的传统市税思想的发展基本上同关税思想一致，呈现出较强的财政特质，这已在第一节中有所述及。而新出现的“除陌钱”，所体现的思想并没有违背这一特质，古今中国学者一般都认为它是一项封建统治者用来搜刮财政收入的“苛政”。但它的推行，亦包含了诸多的合理因素，更重要的是，它反映了唐代以来市税思想乃至整个流转税思想的一个发展趋势，即思想家抑或统治者越来越从商品流通的本身、从市场的运行规则方面出发来设计税种和税制，尽管这一趋势的最终完成是一个漫长之旅。

第三节　“一切通商”的消费税思想萌芽

消费税思想在唐五代以前始终以“寓税于价”为主，体现在政策上往往是政府对重要的消费品实行专卖，而由于阶级势力的强弱变化，有时又实行征税制。封建政府在唐代以前“寓税于价”的主要做法是通过垄断重要消费品的生产和流通环节，在市场上提高商品的价格，以此获得国家的财政收入。这一传统的消费税思想到了唐代，发生了新的变化。具体表现在：

一、对传统“寓税于价”专卖制度的批判

1. 韩愈基于维护商人利益的角度反对食盐专卖

他说：“盐商纳榷，为官粜盐，子父相承，坐受厚利，比之百姓，实则较优。今既夺其业，又禁不得求觅职事，及为人把钱捉店，看守庄磑。不知何罪，一朝穷蹙之也。”[①]作为一个儒家思想的继承者，能够站在商人的立场上，指出国家不准盐商参与的危害，实属罕见。这一方面说明了传统专卖政策确已存在弊端；另一方面也是商品经济发展至唐代有一定程度壮大这一客观现实在人们头脑中的反映，最终使得思想家甚至儒者对它也采取了新的态

① 《韩昌黎集》卷四十，《论变盐法事宜状》。

度。以继承儒家道统自居的韩愈，对商业及商人资本采取这样的态度，在财政思想的发展中，是一个值得注意的趋势。这种趋势到两宋以后愈加明显。

2. 白居易基于单一税源论的角度反对消费品专卖

白居易本着“善为国者，不求非农桑之产”[①]的观念，主张废除盐铁、茶、酒等专卖制度以及“关市之征”，认为这些税利“既不自地出，又非从天来，必是巧取于人，曲成其利。利则日引而月长，人则日削而月朘”[②]，因而吟写了但愿“吴兴山中罢榷茗，鄱阳坑里休封银，天涯地角无禁利”[③]的诗句。事实上，随着中唐以来社会商品交换关系的显著发展，唐朝财政扩大对商品流转税的课征是符合社会经济结构变化的一种必然趋势。白居易只强调在生产领域课征产品税，反对到流通领域征收商品税，这种单一税源论是片面的。不过，他所指出的当时课征的流转税往往转嫁到平民百姓身上，却又是值得重视的事实。

必须指出，白居易尽管在理论上对“寓税于价”的专卖制度持否定态度，但是，仍对施行已久的榷盐制度提出了很好的厘革建议。他认为当时盐法之弊，在于“院、场太多，吏职太众”。因为朝廷对盐务官吏的考课是以所收盐利多少为赏罚的，“院场既多，则各虑其商旅之不来也，故羡其盐而多与焉；吏职既众，则各惧其课利之不优也，故慢其货而苟得焉”[④]，结果都是损公肥商。因此，他建议精简盐务机构和官吏，审核合理的盐利定额，使得盐官无须靠多给盐来召诱商贩，以及滥收钱货来增加课利。同时又建议沙汰奸商。后来，他又赋诗抨击了不法盐商的偷税漏税行为，写道：“婿作盐商十五年，不属州县属天子。每年盐利入官时，少入官家多入私。官家利薄私家厚，盐铁尚书远不知……”[⑤]。

---

① 《白居易集》卷六三，《策林二·不夺人利》。
② 《白居易集》卷六三，《策林二·不夺人利》。
③ 《白居易集》卷三，《新乐府·昆明春水满》。
④ 《白居易集》卷六三，《策林二·议盐法之弊》。
⑤ 《白居易集》卷四，《新乐府·盐商妇》。

二、用通商原则扩大消费税税源的思想

"赋税是政府机器的经济基础,而不是什么其他东西的经济基础"①,"国家存在的经济体现就是捐税"②,在封建社会中尤其是这样。因此,历代封建王朝,无不想尽千方百计,把增加国家的财政收入作为重要的国策,以至于对劳动人民敲骨吸髓地进行压榨,以榨出民汁民膏来满足封建财政开支。刘晏作为杰出的理财家,他的财政思想杰出的地方在于,没有将强制的赋税看做封建政府的唯一收入来源。他在管理财政的过程中,尽量减少采用纯封建法权的威力来充实封建国家财政,大量采用自由经营方式等手段,变强制手段为商业经营方式,用通商原则来扩大赋税来源。

这一思想集中体现在他对传统"寓税于价"的消费品专卖制度的改造上。从大历元年(公元766年)起,刘晏与第五琦分东西二区分掌全国财税事务。他不仅认识到榷盐的财政效益极高,而且看到榷盐具有"官收厚利而民不知贵"的特点,在当时社会动乱的情况下是一项不至于过分激化社会矛盾的理财手段,因此,他在东区积极进行盐法改革,采取"官督、民产、商销"这一灵活方式,纠正了第五琦那种完全排斥私商经售官盐的偏差,适应了民间商业的发展趋势,调动了私商盐贩的积极性,从而大幅度提高了官盐的销售总量和盐利收入。同时,由于运销及销售于消费者的任务都交由商人以自己的资力承担,榷盐机构及官吏就可以大批裁撤。在此基础上,刘晏调整和充实了榷盐机构,形成了一套有独立活动能力、受盐铁使直接指挥的严密系统,以打击走私,网罗盐利。

刘晏这种鼓励商人经营食盐运销以获取消费税收入的通商原则的运用,反映了自唐以来消费税思想的发展趋势。这一思想趋势的出现,首先是唐代以来商品经济发展的客观反映,正是商品经济的发展和商业作用的日益加强,使得思想家们对商业在社会经济中的地位和作用越来越有着较为

---

① 《马克思恩格斯选集》第三卷,第22页。

② 《马克思恩格斯选集》第一卷,第181页。

正确的认识，因此，大多数思想家不但不主张抑商，相反却主张利商。有的思想家甚至对政府采取的抑商政策不满，为商人鸣不平。在这样的思想背景下，出现主张通商，主张借助商人参与的力量来获取消费税收入，便是很自然的了。只能说，刘晏是较早地顺应了这一历史潮流的代表人物。

对这一思想趋势的分析，应该运用辩证唯物主义的观点，一方面，主张通商的原则来进行消费税的改革，具有积极的意义。税收作为一项经济行为，它的最基本要求便是以最少的投入获取最大的产出，刘晏将国家专卖和私商运销相结合，裁减了盐的专卖机构，减少了官吏，降低了运销成本，节省了大量的费用，同时，把过去以盐利为主的方式改成税利结合，从而经济效益大大提高。由于他的重视私商，使传统的专卖体制上开了一个缺口，这是整个“寓税于价”消费税思想的一个重大变化。正是他这一通商原则的运用，将整个盐市搞活了，促进了盐的生产，发展了盐的市场，保障了生产者和消费者的利益，增加了政府的财政收入，他所管辖的东区盐利逐年增加，由起初的四十万贯，增长到大历末年的六百余万贯，[①]与西区的“河东盐利不过八十万缗”[②]形成极为鲜明的对照。

另一方面，这一思想仍然是以取得财政收入为其主要目的的，不过是较好地运用和体现了“知所以取人不怨”[③]的原则罢了，其中的欺诈性和剥削性是不言而喻的。正如韩愈所说的：“国家榷盐，粜于商人；商人纳榷，粜于百姓，则是天下百姓无贫富贵贱，皆已输钱于官矣！”[④]这便是榷盐被旧史称为“人不益税，而国用饶”[⑤]的奥妙之所在。

总之，运用通商的方法来改革消费税反映了唐以前占主流的“寓税于价”消费税思想的一个变化趋势，这一趋势至两宋、元、明时期则更加明显。

① 《资治通鉴》卷二二六，建中元年七月条。
② 《资治通鉴》卷二二六，建中元年七月条。
③ 《新唐书·刘晏传赞》。
④ 《全唐文》卷五五零，《论变盐法事宜状》。
⑤ 《唐会要》卷八七，《转运盐铁总叙》。

三、消费税对象扩展至茶

本时期消费税思想方面还出现了一重要变化，那就是将茶税纳入了消费税的征收范围，围绕这一现象，思想家展开了较深入的探讨。

1. 唐代税茶之始

唐德宗时财政枯竭，在尽力寻找财政收入来源时，想到了茶的课税。唐代饮茶风气已遍及全国，茶在社会经济与人民生活中占有很重要的地位，因此，赵赞决定在建中元年(780 年)开征茶、漆、竹、木税，税率从价征十分之一，这就是茶有税之始。这个时期课于茶的税，还不能认为是独立的茶税，而是一种与漆、木、竹等货物杂品合并征收的产品税加通过税，茶仅是课税对象之一，并无专条专款的规定。据《旧唐书・食货志》记载，贞元九年(793 年)正月才正式开征单一税种的茶税："贞元九年正月，初税茶。先是，诸道盐铁使张滂奏曰：'伏以去岁水灾，诏令减税。今之国用，须有供储。伏请于出茶州县，及茶山外商人要路，委所由定三等时估，每十税一，充所放两税。其明年以后所得税，外贮之。若诸州遭水旱，赋税不办，以此代之。'诏可之。"茶税成为单一的税种自此开始。

2. 反对税茶法的思想主张

开征茶税，本为救济灾民，但实际上并没有照此实行。当时的政论家陆贽，曾力主废除两税以外的一切苛敛，他主张茶税要指定用途，不能填补亏空，他说："……近者有司奏请税茶，岁约得五十万贯，元敕令贮部，用救百姓凶饥。今以蓄粮，适副前旨。望令转运使总计诸道户口多少，每年所得税茶钱，使均融分配……除赈给百姓以外，一切不得贷使支用"[①]。但结果从《旧唐书・食货志》中所见："(茶税)自此每岁得钱四十万贯。然税茶无虚岁，遭水旱处亦未尝以钱拯赡"。

穆宗长庆元年(公元 821 年)，盐铁使王播奏请"增天下茶税，率百钱增五

---

① 《陆宣公奏议・请以税茶钱置义仓以备水旱疏》。

十”[1]。左拾遗李珏上疏反对，提出了三点理由：其一，执行茶专卖而取得赢利，目的在于养兵，今边境无患，不可厚敛伤民，“榷率救弊，起自干戈，天下无虞，即宜蠲省。况税茶之事，尤出近年，在贞元元年(785年)中不得不尔。今四海镜净，八方砥平，厚敛于民，殊伤国体”。这就是说，税收的增减必须根据财政需求的消长做相应的变动。其二，他认为人民饮茶，等于食物，为生活所需要，一旦重税，则茶价必高，贫困者不堪负担，“茶为食物，无异米盐，人之所资，远近同俗，既祛竭乏，艰舍斯须，田间之间，嗜好尤切。今增税既重，时估必增，流弊于民，先及贫弱”。李珏在此正确说明了消费税的税负转嫁问题，饮茶既然成为社会各阶层尤其是劳动人民的普遍嗜好，对它增税势必首先影响贫苦人民的日常生活。其三，李珏认为，山泽资源丰富，茶税提高则茶叶价格增长，这必然影响茶叶的销路。不如减轻茶税，使其薄利多销，“山泽之饶，出无定数，量斤论税，所冀售多，价高则市者稀，价贱则市者广，岁终上计，其利几何？未见阜财，徒闻敛怨”。可以说，李珏反对增加茶税，不仅理由充足，而且深明财政规律。他说茶是土产，生产时不该收税；交易时纳税，税重必致价高，价高必然增加人民负担；并且茶价愈高，销路愈窄，不但税款得不到，反而招致人民的抱怨。但穆宗不从其谏，其实穆宗不肯纳谏的实情是：“两镇用兵，帑藏空虚”，“禁中起百尺楼，费不胜计”。[2] 国库本已匮乏，宫中还大兴土木，只好再从茶货上想筹款之法。

3. 茶税政策思想

前面述及传统消费税——盐税思想在本时期发生了重大变化，由完全垄断产、制、销的政策主张转向部分垄断，即由商人参与销售。而茶税作为本时期新出现的消费税税种，统治阶级在征收的过程中也经历了一个变化过程，从中所体现出的政策思想也反映了由完全垄断向局部垄断转化的思想趋势。

增加茶税，使人民明显地感到税收负担的加重，必然会引起人民的强烈

① 《新唐书》卷五四，《食货志四》。

② 以上均见《唐会要》卷八十四。

不满，于是统治者在千方百计寻找财政来源时，又找到了茶的垄断专卖之法。据《旧唐书·李训郑注传》，“郑初浴堂台对，上访以富人之术，乃以榷茶为对。其法，欲以江湖百姓茶园，官自造作，量给直分，命使者主之。帝惑其言，乃命王涯榷茶使”。王涯禁止人民买卖茶，把茶作为政府专卖品。王涯实行的办法是官买、官制、官运、官销，但此法断绝了千百万茶农的生计，遭受了茶农和统治阶级内部一些人的反对。而后，改为民产、官收、商贩的办法。

可以说，茶税对于唐朝兴亡的影响较大：第一，茶的征税解决了暂时的财政困难，特别在“安史之乱”时期给唐朝较大的财政支援，为平定国内战祸提供了物质条件，又为唐朝统治集团提供宫室、官俸、兵饷的一部分来源，使唐朝寿命得以苟延残喘。第二，茶税与茶的专卖，严重剥削了人民。两者有大部分都通过商人将税负转嫁给人民。官商勾结，商人大发横财。茶价愈贵，民生愈苦，迫使许多人铤而走险进行茶叶走私，罚则越严，走私利润越大，私贩就越多，以至联合起来，武装走私，由少集多，形成反政府的武装力量。

后世对于唐代榷茶，也有若干反对的意见，尤其是儒家对此有他们的看法。据《文献通考·征榷考·榷茶》所载致堂胡氏一段话，可供参考：

“致堂胡氏曰：茶者生人之所日用也。其急甚于酒，然王衔鉷杨慎韦坚以及刘晏皆置而不征，犹为忠厚。天地生物，凡以养人，取之不可悉也。张滂税茶则悉矣，凡言利者未尝不假托美名以奉人主私欲，滂以茶税钱代水旱田租是也。既以立额，则后莫肯蠲，非惟不蠲，从而增广其数。其法严峻者有之矣。至于官尽榷之，商旅不得贸迁，而必与官为市，在私则终不能禁，而椎埋恶少窃贼之害兴。偶有败获，奸人猾吏，相为囊橐，狱迄不直，而治所由历株连枝蔓，致良民破产，接村比里，甚则盗贼出焉。在公则收贮不虔，发泄不时，至于朽败与新敛相妨。或没入窃贼无所售用，于是举而焚之，或乃沉之，殃民害物，咸弗恤也。其原则在于得数十万缗钱而已。夫驰山泽之禁以予民，王政也，必不得已听商旅贸迁，而薄其征茶也者，东南所有西北所无，虽曰薄征，其入于王府者亦不赀也。息盗夺，止讼狱，佐国用，其利亦大矣。

张滂王涯岂足效哉?”

第四节 流转税制思想:对流转税税负公平问题的探讨

税负公平,一方面能够缓和阶级矛盾,巩固国家统治;另一方面又能调动生产者的积极性。早在唐代以前,思想家们对此就已进行了研究论述:春秋时期,管子认识到对流转税进行重复课征的不利作用,因而坚决反对,他指出:“征于关者,勿征于市;征于市者,勿征于关。虚车勿索,徒负勿入,以来远人。”[①]在《戒》中又指出:“关讥而不正(征),市正而不布(钱)。”主要意思就是避免对商品的重复课税,征之于行商,就不应该再征坐商;征之于坐商,就不应该再征行商。如在市场上征了实物,就不应该再征货币。当时,管子就能认识到重复课税对商品生产流通的阻碍作用,是难能可贵的。墨子一反儒家“关市讥而不征”的思想,主张对工商业同课,他指出:“贤者之长官也,夜寝夙兴,收敛关市山林泽梁之利,以实官府,是以官府实而财不散。”[②]农民与商人同课,赋税就更加符合普遍平等的原则,而商鞅的变法,使流转税收的主张付诸实践,从而更加丰富了他的税收思想。这些思想在论述税负公平的同时,又为流转税的征收做了理论上的铺垫。

到了唐五代时期,有关流转税税负公平的探讨进一步增多:

一、 刘彤主张通过实行盐、铁、木官营来均平税收负担

历史业已证明,除了传统的农业税源外,盐铁专卖可以成为封建国家财政的一大税源,不过,唐初沿承隋制,对盐铁仍采取“与百姓共之”的态度,允许自由经营,且不课税。及至开元九年(公元721年),左拾遗刘彤上《论盐铁表》,唐朝的盐铁政策才发生了全面的变化。刘彤认为,汉武帝“外讨戎夷,

---

① 《管子·问》。
② 《墨子闲诂·尚贤中》。

内兴宫室，殚费之甚，实百当今”，然而，“古费多而货有余，今用少而财不足者，何也？岂非古取山泽而今取贫民哉！”他指出：“取山泽则公利厚，而人归于农；取贫民则公利薄，而人去其业”，从而称赞实行盐铁官营是“一则专农，而则饶国，济民盛事也”。接着，刘彤表述了实行盐铁官营是为了“损有余而抑不足”的观点：

“夫煮海为盐，采山铸钱，伐木为室，丰余之辈也。寒而无衣，饥而无食，佣赁自资者，穷苦之流也。若能收山海厚利，夺丰余之人，蠲调敛重徭，免穷苦之子，所谓损有余而益不足，帝王之道，可不谓然乎！”

可见，刘彤建议以盐、铁、木为主要税源，表面看来似乎是一种打富济贫的社会改良思想，但他的最后目的还是借税源的扩充以减轻农民负担和刺激农业生产。这是一种借消费税的征收来均平社会整体税收负担的主张。这种“损有余而益不足”的观点，显然与桑弘羊推行盐铁专卖“以排富商大贾”，“损有余，补不足，以齐黎民”[①]的观点有一脉相传之处。不过，两者的侧重点仍有所差异。桑弘羊是在汉朝财政极为困难的情况下推行盐铁专卖政策的，他所谓“盐铁之利，所以佐百姓之急，足军旅之费，务蓄积以备乏绝”[②]，指的是当财政支出急剧扩大时，实行盐铁专卖可以避免向百姓增税。刘彤的建议则旨在通过盐铁官营以增加财政收入，然后减少既定的租庸调课征量。应该说，他的主张中所包含的流转税和农业税应均平税收负担的思想要更强烈一些。

二、杨炎两税法中所包含的流转税税负公平思想

唐代中期杨炎实行的两税法中，税负公平是其主要内容。这是因为当时社会阶级矛盾相当尖锐，杨炎不得不考虑民情，强调公平税负，以缓和阶级矛盾。难能可贵的是，他的税负公平思想中包含了流转税的内容，“户无主客，以见居为簿，……不居处而行商者，在所州县税三十之一，度所取与居

① 《盐铁论·轻重》。
② 《盐铁论·非鞅》。

者均，使无饶利"[①]。这和先秦时期管子反对重复课税的主张有点类似，但却赋予了新的含义，即对行商，赋税和坐商相同，不因为经营方式的不同而造成税收负担畸轻畸重，这一思想已触及到流转税内部的税负公平问题。

三、 李珏主张的税负转嫁影响税负公平的思想

李珏在论述增加茶税问题时，触及到了税收与价格之间的关系，"……今增税既重，时估必增，流弊于民，先及贫弱。……量斤论税，所冀售多，价高则市者稀。价贱则市者广，岁终上计，其利几何？未见阜财，徒闻敛怨"[②]。寥寥数语，便正确地揭示了流转税的税负转嫁及其带来的不良后果，即对百姓急需的商品课征重税，会导致税负转嫁，会使市场物价提高。存在税负转嫁，说明税负如果原先公平的也会转而产生不公平。李珏在公元七、八百年间就能认识到税负转嫁影响税负公平的思想，是十分先进的，可惜他并没有论述如何解决这个问题。

四、 裴休主张用法令禁止重复课税以促进流转税税负公平的思想

唐代榷茶，不时出现重复课征的现象，据《新唐书·食货志》记述，盐铁使崔珙增加江淮产茶地区的茶税，征收"搨地钱"，搨，是古代城市中租给客商存放货物的堆栈。茶商转运货物，抢夺舟车，或遇雨雪，露天淋曝，所以诸道节支使、观察使置邸设栈寄寓人货以收税。然而"搨地钱"兴办之后，不论商贩存货与否必交这一笔钱，等于又一次课税。茶一再被重复课征，成本增加，茶价必贵，私贩茶商就乘机而起。宣宗大中六年(852 年)时，盐铁使裴休奏报税法十二条，他总结以往茶税的弊端改订新章，试图通过法令的形式阻止重复课税给商品流通带来的危害。经宣宗诏准施行，重申茶税统一由朝廷派出机构征收，严禁地方重重设卡加税，取消"搨地钱"。这一举措本身体

---

① 《文献通考》卷三，《田赋考》。

② 《新唐书》卷五四，《食货志四》。

现了以裴休为首的统治阶级已经意识到重复课税必然会引起税负的不公平，最终会危害社会经济的发展和政治的稳定。

五、韩愈主张兼征农业税和流转税的税负平均思想

他说："民者，出粟米麻丝、作器皿、通货财，以事其上者也。"[①]即农工商各业的黎民百姓都有义务供应统治者，向统治者交纳赋税，也就是说，国家除了征收农业税以外，也有权征收工商税，其中自然包含流转税。对于征收流转税的制度以及税率等具体问题，韩愈没有多谈，但这种说法本身则是从理论上提出并论证了兼征农、工、商税的问题。

这一思想事实上否决了单一农业税论。儒家在赋税形式上原本是单一农业税论或者接近于单一农业税论。至盛唐时期，思想家们已开始批评单一农业税，主张征收流转税，唐德宗时期，流转税在财政中已占相当地位，韩愈又从赋税均平的角度，为这种趋势作了一定的理论说明和论证，这都表明：唐代商业和商品经济的发展，必然会逐渐在财政、赋税制度方面引起一些变化，并且会在思想理论方面有所反映。

总之，本时期有关流转税税负公平问题的探讨有所增加，并且思想家们从不同的角度，为维护不同阶级、阶层的利益，纷纷阐述自己的观点，但论述的焦点无非有两点：一是农业税和流转税之间的税负平均、公平问题；二是流转税内部的税负公平问题。显然，本时期对于前者的论述，同时也反映了流转税思想在这一时期的变化趋势，即统治阶级越来越重视流转税这一税源，不但在实践中如此，而且从理论上为其寻找理论根据，如果说，在唐代前期，人们对是否开征流转税以及流转税的作用如何，尚有不同意见，那么，在安史之乱后，流转税的征收及其在国家财政中的作用的不断增长，则已是毋庸争议的现实，这深刻地反映了自唐代始，商业及商品经济的日益发展、壮大；而本时期对于流转税内部的税负公平问题，尤其是流转税的税负转嫁问题探讨增多，亦是这一时期商品经济有了较多发展的反映，特别是从唐德宗

① 韩愈：《原道》。

时期开始，流转税的种类和数额都大为增加：茶税之外，竹、木、漆均征税，商人在纳税后，总是希望通过自己的经营活动把纳税的损失捞回来，从而对各种消费品的征税，就会通过价格的上涨而发生税负的转嫁，人们在现实生活中不断地观察到征税后商品价格、销量变化的种种现象，就有可能从中得到某些规律性的认识，总结出若干理论观点，并联系税负公平问题。

第五节 评 析

本时期所出现的流转税思想总体来说较为丰富，在前一时期的基础之上有所继承和发展。说它继承，是因为本时期流转税思想仍然带有浓厚的财政特质，尤其体现在关市税思想上，本时期关市税思想的三个演变阶段，充分说明了统治者对其进行财政征收的指导思想，而消费税中新开辟茶税税源的思想，也体现了这一宗旨。

在此基础之上，特别引起注意的是，本时期流转税思想已呈现出诸多新的演变趋势，具体体现在以下几个方面：

一、 对流转税征收理论依据的探讨

以刘彤、韩愈、赵赞等为代表的思想家纷纷站在不同的阶级立场上发表自己的观点，刘彤更多地从劳动人民的立场出发，提出农业税和流转税应均平税收负担，以“损有余而利不足”的观点；韩愈从赋税征收的必要性出发，主张流转税和农业税应同时征收，否定单一农业税论；而赵赞则鲜明地站在统治阶级的立场，以增加国家的财政收入为出发点，主张增辟新的税源，开征茶税、除陌钱等新的流转税税种。可以说，这些思想主张是先秦时期的孟子、西汉时的桑弘羊观点的发展，并在后世得到了进一步的延展。这一趋势体现了封建社会中商品经济实力的不断增强，伴随着商业的日趋发达，商业“为国致财”的作用日益突出，国家将维持庞大国家机器与日常开支的很大一部分费用从传统的农业税收中转移出来而系于商业发展上，这样，统治者在处理国家财政时，已开始进行由单一农业税源论向农业税、流转税兼征论

的转变。

二、 对关市税合法地位的重视

尽管说关市之征在本时期的财政特质进一步深化，甚至在个别朝代发展为苛征暴敛，但也必须看到其中所孕育的合理因素，那便是统治者开始注重关市税的合法地位，有将其予以制度化的政策倾向，例如，这一时期出现了“商税务”、“杂税务”之类的专门税务机构；曾规定将应税商品名目及税则张榜公布于税务机构门前，以增加其公开性，防止官吏侵渔和商人漏税；此外，在后晋天福七年（公元 942 年）的诏令中，出现了“过税”与“住税”的专名。[①] 这些合理因素为关市税的制度化在客观上提供了可能，至宋代则予以实现。

三、 对商业经营原则在消费税征收中的运用

本时期统治者在征收消费税时越来越注重运用商业经营的原则，出现了通商消费税思想的萌芽，刘晏是这一思想萌芽的主要代表人物。这一思想主张改变了过去的全部由官府进行垄断、专卖的“寓税于价”做法，而是提倡商人参与进来，由商人进行运销，可以说这一思想的产生无疑是在传统“寓税于价”消费税政策主张上打开了一个较大的缺口，据蔡一先生研究，这是我国历史上最早的在基本坚持专卖制的条件下实行的利改税实验，后来发展成为北宋时期李觏较彻底的利改税的思想。[②] 这一消费税思想的演变趋势可以说明两点：

1. 商品经济观念在唐代得到了发展

在唐以前的历朝历代中，抑商作为一种治国的国策而不是作为一种社会思潮或观念，几乎无一例外地成为一种主导政策得到贯彻和执行，它具有

---

① 敕曰：“应有往来盐货悉税之，过税每斤七元，住税每斤十元。”《五代会要》卷二六，《盐》。

② 见蔡一：《中国古代经济思想教程》第 382 页，高等教育出版社 1989 年版。

公开性和强制性，但只会对某一朝代的经济发展具有影响力，对于社会发展的影响力则较小，相反，重视商业的发展作为一种观念或思潮，却始终在中国封建社会中潜意识地发展着，至唐代则已很明显。如被后世儒家所推崇的思想家陆贽，认为国家的任务是使“商农工贾、各有所专”，使他们能“咸安其分”①；以儒家道统继承者自居的韩愈，不仅主张农工商并重，并为在盐专卖中受到损失的富商大贾鸣不平，还为蓬勃兴起的海外贸易唱赞歌。正统的儒家思想家陆韩的思想观念尚发生了如此之大的变化，其他思想家就可想而知了。可以说，唐中叶以后，为商品经济发展唱赞歌的思想和观念非常盛行，并且成了学术思想中的一个主流，正是这一主流促使有识之士的理财家在考虑国家税收的时候，将这一观念贯穿了其中，之后，又进一步地体现和加固着这一重视商业的理念。

2. “官府专利”向“官商共利”的转变

唐代，由于市场需求结构的多样化，牟利商品的增多，使盐、酒、茶等日常生活消费品均成为封建国家禁榷垄断以与民争利的主要内容。在此种“利出多孔”的形势下，封建国家不太可能有效地从各个渠道控制商业的发展。随之，以刘晏为首的理财改革家开始了对传统专卖方式的改良。这实际上是国家与商人从对立走向结合的转变。这一新的“寓税于价”专卖方式，改变了过去禁榷消费品由国家包揽从生产到销售的每一个环节从而独擅其利的做法，而实行一种由国家组织生产，商人运销贩卖的流通体制。在这一体制下，国家让渡盐、茶等消费品的部分垄断经营权，而商人则以货币作为交换，成为替国家购粮、替国家销售盐、茶的特权商人。国家和商人在针对消费者利益一致的基础上结成一种长期的贸易伙伴关系。官商共利是这一关系的鲜明特征。换言之，国家与商人各自所获取的商业利润都离不开彼此的相互合作。由官府专利向官商共利的转变，在本时期初现端倪，至宋朝则得到了进一步的深化。

---

① 《翰苑集·均节赋税恤百姓》。

四、思想家们越来越重视流转税理论方面的挖掘

这一趋势具体化为本时期有关流转税的作用、税负的转嫁和税负的公平等理论问题的探讨业已增多,并出现了一些闪光的思想。如前所述,思想家刘彤在论证盐、铁、木等实行政府官营的必要性时,便从理论上提出了"损有余而利不足"的观点,很显然,他已意识到从事工商业之人与农民在收入水平上的差距,而正确处理盐等物品的消费税可以解决这一社会问题,"若能收山海厚利,夺丰余之人;宽调敛重徭,免穷苦之子;所谓损有余而益不足,帝王之道,可不谓然乎"①。可以看出,刘彤已经将征收消费税作为调整社会收入差距、均平百姓负担的经济杠杆来运用,他还对具体如何进行调整作了阐述:"臣愿陛下诏盐铁木等官收兴利,贸迁于人。则不及数年,府有余储矣。然后下宽贷之令,蠲穷独之徭,可以惠群生,可以柔荒服。"②如果刘彤没有对流转税作为税收所具有的调节社会分配功能作用的深刻洞察,他是不会做出这样的建议和分析的。而本时期李珏、韩愈等对流转税税负转嫁问题的认识,以及其中所包含的税负公平思想,都具有较强的理论价值,虽然都是一些很简略的论述,但出现在一千多年以前已是非常难得。这些理论的萌芽在后世继续向纵深处发展。

总之,本时期流转税思想的特色在于呈现出诸多新的变化趋势,它们推动着中国封建历史长河中整个流转税思想的沿革、发展。

---

① 《通典》卷十,《漕运、盐铁》。

② 《旧唐书·食货志》。

第五章　两宋时期流转税思想

公元960年，赵匡胤(宋太祖)夺取后周政权，建立宋朝，随后，一方面进行了先南后北的统一全国的战争；另一方面针对时弊，推行了一系列政治、经济和军事方面的改革措施。经过几代的努力，终于使宋朝在政治方面成为历史上比唐政权更高度集权的专制国家，在经济方面也得到了较大的发展。

宋朝在经济上发展的一个显著特点是商品经济比唐朝更繁荣、更活跃。可以说，宋代的商业已经发展到相当繁荣的程度。从商品品种来看，汴京市上就有："安邑之枣，江陵之桔，陈夏之漆，齐鲁之麻，姜桂藁谷、丝帛布缕、鲐鮆鲰鲍、酿盐醯豉。或居肆以鼓炉橐，或鼓刀以屠狗彘。又有醫间之珣玗，会稽之竹箭，华山之金石，梁山之犀象，霍山之珠玉，幽都之筋角，赤山之文皮。与夫沉沙栖陆，异域所至，殊形妙状，目不给视，无所不有。"[①]从营业时间来看，"其下每日自五更市合，买卖衣物书画，珍玩犀玉，至平明，羊头、肚肺、赤白腰子、奶房、肚胘、鹑兔、鸠鸽、野味螃蟹、哈蜊之类讫，方有诸手作人上市，买卖零碎作料。饭后饮食上市"[②]。夜市直至三更尽，甚至冬月大风雪阴雨也不间断。从交易额上看，有时动以千万，数额相当大。

两宋时期(公元960～1279年)商品经济的发展，反映在财政收入上，主要是商品流转税所占比重较之以前各朝都大，地位也越来越重要。而反映在流转税思想方面，更是在继承前代变化趋势的基础上进一步深化与发展，

① 周邦彦：《汴都赋》。

② 《东京梦华录》卷二。

同时亦呈现出鲜明而独特的时代特点。

第一节　关市税思想的共同演进:商税则例

宋开国之初,对关市税的征收即十分严重。陈傅良指出:“我艺祖(按指赵匡胤)开基之岁,首定商税则例,自后累朝守为家法。”[①]所谓商税则例,就是有关商税征收的条例和规定。宋太祖开国初制定商税则例的情况已不可考,但从宋太宗淳化二年(公元991年)诏书来看,命诸路转运司“以部内州军商税名品参酌裁减,以利细民”[②],显然是对征收商税的全部货品进行一次全面的检查。到淳化五年(公元994年)五月,诏书上在说明征商意义的同时,还声称:“自今除商旅货币外,其贩夫贩妇细碎交易,并不得收其算。当算之物,令有司件析,颁行天下,揭示于板榜,置官宇之屋壁,以遵守焉。”[③]很显然,商税则例虽创始于宋太祖开基之初,却经历了三十多个年头,到宋太宗淳化五年方才完成,并史无前例地第一次将其揭榜置壁、公诸于众。

宋代征商之制,在宋太宗淳化五年诏书中曾有如下的简要规定:“国朝之前,[关市之税],凡[布](原作刘,不可解,当从《通考》)帛、什器、香药、宝货、羊豕,民间典卖庄田、店宅、马、牛、驴、骡、橐驰,及商人贩茶[盐]皆算。有敢藏匿物货为官司所捕获,没其三分之一,仍以其半与捕者。”[④]

宋代的商税则例经历了一个不断充实和修正的过程,在这个过程中体现出的流转税思想主要有:

一、　赋予关市税合法地位的思想

宋代商税则例的创行,极其清楚地告诉人们,它否定了前此割据时期诸

---

① 《通考·征榷考一·征商》。

② 《宋会要辑稿·食货》一七之一二。

③ 《宋会要辑稿·食货》一七之一三。

④ 此据《宋会要辑稿·食货》一七之一三,《通考·征榷考一·征商》所载,与此段大都相同,因据以校正,凡[]中者,皆来自《通考》。

国所实行的地方性的征税制度，而代之以新的划一的征收条例和规定，在全国范围内统一使用。这一作法继承和发展了五代时期的政策主张，其所体现的思想是一脉相传的。五代时，由于关市税收入日趋重要，统治者开始注意关市税税法的公开与制度化，如将应纳商品的品名与税率以文榜张挂于“商税务”门前[①]，就是其中一例。宋代建国之初便制定商税则例，并在税务机构门前张榜公布以晓喻商民，同时又在全国各地设置场、务等专门机构，征收关市税。商税则例后经发展而日益严密，突出表现在将正税分为过税和住税两种，马端临曾指出：“行者赍货，谓之‘过税’，每千钱算二十；居者市鬻，谓之‘住税’，每千钱算三十。大约如此，然无定制，其名物各从地宜而不一焉。”[②]在此，很明显将以往的传统关税、市税分别涵括于法定的名称过税和市税之范畴，并将对其征收的税率制度化。这一做法，不但能够克服地区性的征商制度中的畸轻畸重问题，而且更加重要的是，它打破了割据者为遏止本地财赋的外流而设下的重重障碍，大大方便了商品的流通。商税则例的制定和公布所反映出的将传统关市税赋予合法地位、予以制度化的思想，显然是统一条件下经济发展、商品货币流通的客观体现，其历史的进步性是不言而喻的。

二、 将官吏经商纳入征税范畴的思想

宋初的一些文官武将，以其“从龙之彦”的特殊身份，“乘传求利”，四处经营，“自五代用兵，多姑息藩镇，颇恣部下贩鬻。宋初功臣犹习旧事。太宗初即位，诏群臣乘传出入，不得赍货邀利，及令人诸处图回，与民争利”。例如张永德在太原，曾派亲吏“贩茶规利”，甚而“阑出徼外市羊”[③]。身任宰相的赵普，“谴亲吏诣市屋材，联巨筏至京师治第；吏因之窃货大木，冒称普市，货鬻都下”[④]。在赵普到秦陇私贩大木的时候，不少“近臣戚里”参与了这一

---

① 见《册府元龟》五零四及《旧五代史》卷七六，天福元年闰十一月敕令。

② 《通考·征榷考一·征商》。

③ 《宋史》卷二五五，《张永德传》。

④ 《宋史》卷二五六，《赵普传》。

活动，“所过关渡桥矫称制免算”，又“厚结有司，悉官市之，倍收其值”[①]。为制止达官贵人们这类活动，太平兴国二年正月诏书禁止：“自今不得乘传出入，赍轻货、邀厚利”[②]，即不许这些特权者再做买卖。虽然如此，一些贵戚仍旧贩鬻规利，驸马柴宗庆指使他的妻子鲁国长公主向宋真宗求情，试图将华州市木免征税，宋真宗说：“先朝深戒戚里不得于西路收市材木，盖虑因缘贩易，侵坏法制。鲁国所请且从之，可诏驸马都尉柴宗庆谕旨，自今不得如此。”[③]此后，官员武将们，不分大小，只要追逐商业利润，就必须按照商税则例缴纳税收。天圣四年四月“六日审刑院言：准咸平四年诏，京朝幕职官、州县官，今后在任，及赴任得替，不得将行货物色兴贩；如违，并科违敕之罪，商物依例抽罚”[④]。到宋神宗元丰年间，进一步明确规定了，“宫观寺院臣僚之家为商贩者，令关津搜阅，如元丰法输税，岁终以次数报转运司取旨”。宋徽宗宣和二年，因“比年臣僚营私谋利者众，宫观寺院多有免税专降之旨”[⑤]。朝臣们要求，对这些人“杂载舟船，若过关津，并许搜检”[⑥]，于是诏书重申按照元丰法输纳税钱。对官员们的贩鬻贸易，朝廷斥之以“与民争利”，名义上是不许可的。但在商税则例中，则确定了包括官员们在内，只要经营商贩活动，就得照章纳税，这是一个确定不移的原则。

以上史实说明了，宋代从法律上将经商的官员纳入征税范畴。如果没有关市税的合法化、制度化，这一点是很难做到的，同时也反映出封建社会的流转税制度越来越趋向于法制化、规范化。

三、注重处罚偷税、漏税的思想

前引淳化五年诏书中说“有敢藏匿物货为官司所捕获，没其三分之一，

① 《宋史》卷二五七，《王仁赡传》。
② 《长编》卷一八。
③ 《宋会要辑稿·食货》一七之一四。
④ 《宋会要辑稿·食货》一七之二零。
⑤ 《通考·征榷考一·征商》。
⑥ 《宋会要辑稿·食货》一七之三零。

仍以其半与捕者”。用处罚的方法，以防止偷税、漏税，使国家关市税的征收得到保证。据宋仁宗天圣元年八月三司奏称，杭州富阳民蒋泽等提到偷税漏税的商人沈赞，将其贩运的182匹罗“没纳入官，支给赏钱”。可是经“省司看详条贯，婺州罗帛客旅沿路偷税，尽纳入官，即无条许支告人赏钱，欲依条支给，数多不得过一百贯，从之”①。从这个事例来看，贩卖罗一类的商品，偷税时全部没收，而不是淳化诏书中没收三分之一；对告人的赏钱也不是没收三分之一的物品的一半，而是最多不得超过100贯钱。

四、随物价上涨幅度调整税收的思想

到了南宋，由于物价不稳定，经常发生通货膨胀，税则便要求“体度市价增损，务令适中”，到后来，“每半年一次，再行体度市价，依此增损施行”②。税则的这种调整，充分反映出统治者已经认识到物价和税收之间的消长关系，并适应物价上涨来调整税收的幅度。

综上，宋代关市税思想的重大变化体现于商税则例的制订，这种合法化、制度化，依然承继了宋代以前关市税征收中重视财政特质的思想脉络。这尤其体现于宋代商税则例的一再修订。从宋太宗淳化五年商税则例的创制，到宋徽宗、宋高宗的重订和再订，深刻地反映了宋代物价特别是宋徽宗以后的物价剧烈波动，商税则例的一再调整和修订，无非是在这一剧烈波动中维持商税数额。所以，商税则例的修订和再订，深刻地揭示了宋代封建集团攫取商业利润的贪婪。

本时期除了商税则例中所体现的关市税思想的共同演变外，还呈现出具有时代特点的关税思想，即注重市舶收入的海关税收思想。

市舶制度始于唐代，唐开元初年设置市舶使，来管理海外贸易。有关市舶使的职能在唐代经历了一个变化过程，最终确定为进奉、征税、禁珍异等诸项职能。然而在这些职能中，摆在首位的是“进奉”。《唐国史补》说：“市

① 《宋会要辑稿·食货》一七之一九。

② 《宋会要辑稿》(六)，第5101页。

舶使籍其各物，纳舶脚，禁珍异。”根据当时到过中国的阿拉伯商人的叙述，中国政府对外籍商舶“提取十分之三的货物，把其余的十分之七交还商人”。法国学者丁·索氏杰根据《马尔瓦兹论中国、突厥与印度》一书中保存的史料，进一步指出当时的税率是对贵重物品征收税百分之十，对普通商品则提取百分之三十。[①] 这种税收就是海关税。

至宋代，商品经济空前发展，特别是全国经济重心南移后，为海外贸易的发展创造了条件。同时，统治者对海外贸易的态度也促进了对外贸易的发展。高宗曾说：“市舶之利最厚，若措置得合宜，所得动以百万计，岂不胜取之于民。朕所以留意于此，庶几可以少宽民力尔。”[②]

在此基础之上，宋政府开始实行海关税收制度，主要有两点内容：

1. 抽解制度的演变

这主要是指对舶商所抽的进口税。据陈傅良的记载，“淳化二年，始立抽解二分，然利殊薄”[③]。由于与海南诸国贸易不够繁盛，所以得利很薄。为广事招徕外商前来贸易，宋太宗雍熙年间对二分抽解制作了改变，“大抵海舶至，十先征其一”[④]。至宋神宗熙宁初，实行变法，对抽解制度也作了重要的调整。依漆侠先生在《宋代市舶抽解制度》一文中所作的考订，宋神宗熙宁初年所实行的抽解制度是“十五取一”，即将此前的百分之十的税率下降到百分之六、七，为两宋市舶贸易中抽解分数的最低点。到宋徽宗的时候，抽解制度又发生了变化，不仅恢复了十取一的抽解制度，而且对30斤重的象牙、乳香等又全部官买，抽解分数较以前增重。此后，抽解制度至南宋又不断地加重。

抽解制度的演变说明了，海关税收被统治者当做敛财的重要手段，即使在这一过程中，有的统治者注意用较低的进口税来招揽外商，以促

---

① 见《中国印度闻见录》卷一，第34条及法律本注。

② 《宋会要辑稿》(四)，第3373页。

③ 《通考·市籴考一·市舶互市》。

④ 《宋史》卷一八六，《食货志下八·互市》。

进本国对外贸易的发展和国内市场商品的流通，但这些都是极个别的现象。而大部分统治者注意到的是海关税的财政功能，这不仅反映了这一时期对于海关税收的财政指导思想，同时也说明了宋代“积贫积弱”的国内现实。

2. 出口税制度的演变

中国的对外海上贸易，自汉至唐，均未见中外商船在中国通商港口缴纳货物出口税的记载。至宋代，关于市舶贸易是否征收货物出口税，所见最早的是广州置市舶司45年后的如下一段记载：

真宗大中祥符九年(1016年)，“知广州陈世卿言：‘海外蕃国贡方物至广州者，自今犀象、珠贝、楝香、异宝听赍持赴阙，其余辇载重物，望令悉纳州帑，估值闻奏。非贡奉物，悉收税算……缘赐与所得，贸市杂物，则免税算。自余私物，不在此例’。从之”①。

此处陈世卿建议并经过批准执行了的是，外国贡方物通常有“回赐”，凡用回赐钱在中国买货物贩回者，免纳出口税，而超过回赐价值的部分，则要纳出口税。此外，有诸多史料证明宋代是征收商品出口税的。

尽管本时期缺少思想家对海关税收发表言论的记载，但有关征收进口税和出口税的经济史料已足以说明宋代统治者已非常重视市舶收入的思想端倪。

第二节 “一切通商”消费税思想的盛行

自唐代刘晏的盐法改革开始，封建社会的盐、茶等消费品的征税思想便由“寓税于价”向“自由通商”进行转变。如果说这一转变在唐代还只是思想萌芽的话，那么至两宋时期，已趋于成熟，且成为宋代封建政权消费税政策的指导思想。从这个意义上来说，“一切通商”的消费税思想在本时期得到了盛行。

① 《续资治通鉴长编》卷八七。

一、“一切通商”消费税思想盛行的表现

本时期主张运用通商的方法来代替过去那种完全由政府垄断的“寓税于价”的消费税政策的思想家很多，并且纷纷从不同的角度发表自己的观点，这本身就说明了这一思想在本时期的深化情况。

1. 从利益共享的角度

代表人物有王禹偁、范仲淹、欧阳修等人。在对待盐、茶等山泽之利的态度上，王禹偁认为，山泽之利官府不可弃，也不可尽，应该与民共之，他以茶税为例，指出：“茶法自古无税，唐元和中，以用兵齐、蔡，始税茶”，唐史称“是岁得钱四十万贯，今则数百矣，民何以堪?”他认为，为充实国用，山泽之利不可弃，但为保持民力，又不可尽取之，而当时的问题是，官府征税过重，这种重征，使人谈虎色变。他形象地说：“言虎之搏人，犹官之税人。”为了减轻官府对百姓的重敛，他批评汉武帝的国家专卖制度，主张“使山泽之利，稍流于下”，“山泽之利，与民共之”[①]。这里既反映了他的国家不能不征税，又不能畸轻畸重的赋税要适中思想，又反映了他反对国家垄断专卖盐茶主张通商的消费税思想，他的这一思想对推广宋朝建国以来实行的通商法，具有重要意义。

范仲淹也从山泽之利应共享的角度对通商法进行了论证，他说：“天下茶盐出于山海，是天地之利，以养万民也。近古以来，官禁其源，人多犯法，今又绝商旅之路，官自行贩，困于运置，其民庶私贩者徙、流；兵稍盗取者绞、配，岁有千万人罹此刑祸，是有司与民争利。”[②]这里说明了官贩的效果并不好，不仅获利不比私贩多，还要增加保护措施，徒增许多不必要的费用，那么如何改变现状呢？他建议：“须朝廷集议，从长改革，使天下之财，通济无滞。”[③]具体地说，就是要使“天下茶盐之法，尽使行商，以去苛刻之刑，以息运

---

① 《宋史》卷二九三，《王禹偁传》。

② 《范文正公集·奏议卷上·奏灾异后合行四事》。

③ 《范文正公集·奏议卷上·答手诏五事》。

置之劳，以取长久之利”①。这里的行商，就是指通商法。

欧阳修更是站在理论的高度，来论证国家实行与商人共利的通商法的必要性。他已经看到了当时的一个社会现实是，由于商贾越来越侵夺国家的专卖之利，使得国家越来越难以独家垄断消费品的利益，即完全的“寓税于价”政策越来越难以实行。在这种情况下，欧阳修从理论上摆出了两种管理商贾的办法，一种办法是“与下共之”，即国家对所兴之利不加垄断，这样可以使商业“通流而不滞”，国家、商贾都可获利；另一种办法是对某些重要消费品乃至整个商业实行垄断专卖，“夺商之利”全部归于国家，其结果必然适得其反，国家想获利，反而损失更大的利，这就是“欲专反损”的道理。所以，他认为，与其国家想得十分之利反而十不得其三，不如国家与商贾共之，还能掌得十分之五。就是说，在国家很难独家垄断消费品之利的情况下，最好办法是国家与商贾共同获利，只有这样才能既不损商，又能增加国家的财政收入。由此，我们可以认定，欧阳修已经认识到经济的发展促进了商业的繁荣，商业繁荣到一定程度时，国家就无法对其进行垄断，如果再实行垄断制度，不仅会阻碍商业的发展，还会使国家失去应得的财政收入即消费税收。可以说，这种“与商共之”思想与范仲淹是一脉相传的。从理论的高度予以论述以后，欧阳修还具体联系了茶、盐两大消费品进行了详尽的说明，他说，茶法实行专卖以后，茶商不再经营，结果茶叶积存时间过长，以至腐烂变质，不得不焚之，一年的损失，数年难以弥补。如果采取“与商共之”的办法，使茶商能够获利，茶商继续经营，茶叶流通，这对国家和商贾显然都是有利的。盐消费品亦是如此。在嘉祐四年(公元 1059 年)，他又代皇帝起草了《通商茶法诏》，进一步阐述了放松榷茶之法，使官商共享茶利的通商思想。其文这样写道：“古者山泽之利与民共之，故民是于下而君裕于上……自唐末流，始有茶禁，上下规划，垂二百年。如闻比来，为患益甚……间遣使往就问之，而皆欢颜，愿驰榷法，岁入之课，以时上官。一二近臣，件析其状，朕嘉览于再，犹若慊然，又于岁输，裁减其数，使得饶阜，以相为生，划去禁条，

---

① 《范文正公集·奏议卷上·秦灾异后合行四事》。

俾通商贾。”①

2. 从指责传统消费品专卖制度弊端的角度

这一思想主要体现在叶清臣、范祥、李觏等人的言论之中。叶清臣主要以茶禁制度为例，指出：“度支费用甚大，榷易所收甚薄，刳剥园户，资奉商人，使朝廷有聚敛之名，官曹滋虐滥之罚，虚张名教，刻蠹黎元。”②根据茶专卖之弊端，叶清臣认为：“若令天下通商，只收税钱，（国家获利）自及数倍，即榷务、山场及食茶之利，尽可笼取。”实行通商，“不废度支之本，不置榷易之官，不兴辇运之劳，不滥徒黥之辟”③。叶清臣依据天圣（公元1023年）以来茶法改革的实践，陈述了茶叶专卖的弊端，举出了茶通商的优越性，得出了茶通商优于茶专卖的结论。

范祥主要是针对盐专卖的弊端而提出通商主张的。范祥生在关中，对二池（解县盐池，安邑盐池）盐专卖的弊端十分了解，他认为国家获利甚微，原因是公私侵渔严重，如果改变制度，国家就可以省出十百万缗，于是他提出了新的盐课制度建议。他建议的核心就是实行盐的通商法，即国家放松对食盐的垄断，让商人自运自销，自由流通，国家征税。这样既节省了官府实行专卖的行政费用和运输的徭役，避免了公私侵渔之弊，又流通了盐法，盐售出的越多，国家盐课收入也越多。范祥的这一建议包含了通过通商来消除专卖过程中产生的冗费继而增加国家财政收入的思想。所以，在他的盐课制度被采纳十年后，包拯曾评价说：“祥通陕西盐法，行之十年，岁减榷货务使缗钱数百万，其劳可录。”④

而李觏对传统专卖制度弊端的分析则更加全面、深刻。李觏认为，前代实行国家专卖取得了“民不益赋而国用饶”的效果，是因为那时专卖法的弊病还没有产生；“今日之宜，亦莫如一切通商。官勿专卖，听其自为”，⑤接着

① 《欧阳文忠公集》卷八十六，《通商茶法诏》。
② 《宋史·食货志·茶下》。
③ 《宋史·食货志·茶下》。
④ 《宋史》卷三零三，《范祥传》。
⑤ 以下均出自《李觏集》卷十六，《富国策第十》。

他便全面分析了盐、茶专卖的弊端所在。首先看盐专卖的弊端，归纳李觏所列举的内容大致有以下几项：第一，国家专卖需要漕运食盐，由于距离远，“转漕之费，不为不多。”加之“舟有坏，仓有堕，官有俸，卒有粮”，从而提高了盐的成本，盐价必贵；第二，在转漕和入仓之间，军、吏等人盗卖官盐，几近百分之五十，他们唯恐数量不足，必然杂以粪土等杂物，致使食盐不纯净，质量低劣。正因为“公盐贵而污”，百姓“不啻倍价而取半盐”，所以百姓不愿购买，又使食盐滞销，造成食盐积压和损耗。第三，公盐不准赊销，售货摊点又少，于百姓极为不便。第四，百姓不愿买公盐，而愿意买私盐，致使私贩猖獗，虽有重刑，仍不能禁。由于以上诸多弊端以致食盐积滞，国家的财政收入减少。与此相反，一旦实行食盐的通商，便会有诸多好处：“夫商人众而务售，则盐不淆杂。所至之地又以贳于世人，则列市多得斥卖。卖者多而务售，则盐亦不淆杂。昔啖粪土者，今皆食盐；昔喜窃贩者，今皆公行。”可以看出，实行盐通商的好处同实行盐专卖的弊端恰恰是相对应的，既有许多便利百姓之处，又不会损害国家的财政收入。至于茶专卖的弊端，李觏陈述如下：“茶……君子小人靡不嗜也，富贵贫贱靡不用也，……而世之所贵，家之所蓄，则非有公茶者何？公茶滥恶不味于口故也。每岁之春，芽者既掇，焙者既出，则吏呼而买之，民挽而输之矣。……来有甚远，价有甚贵而人争取之者，味美也；途有甚险，法有甚重而人争贩之者，利厚也；巡按之使，逐捕之卒，日驰于野，黥额之吏，鞭背之人，日满于庭，怨愁愈多而奸不可禁，督责愈重而财不可阜，势之所运，末如之何已。”他认为公茶粗劣，不能饮用，迫使人们买私茶；茶农卖给公家得不到实价，只好卖给私商以获较高的价钱，最终使得国家的财政收入受损。因此，国家应该实行茶通商，通商的优点有：第一，籍租课税，不损国课。实行茶通商，国家可以“籍茶山之租，课商人之税，不损国课”；第二，商人增加，增加税收。“商人自己贩卖，所择必精，所择精，则 MAI 之必售；MAI 之售，则商人众。”贩茶的商人多，则国家的租税也会增多；第三，无私茶之忧，国课自增。实行茶专卖的时候，私贩者众，国家虽然设置官兵缉拿私贩，但仍难禁绝。现在实行通商，私贩者自然消失，国税也会因此而大增。第四，实行通商法，商人货不滞销，不怕官府搜捕，利国便民。由于盐茶通商优于盐茶专卖，所以应该实行一切通商制度。

可以说，李觏主张的“一切通商”的消费税观点将本时期关于“通商”的探讨推向了高潮，在他批判以往盐、茶消费品实行专卖制度弊端的言论里，还表现了他为消费者利益着想的思想倾向，这一点是难能可贵的。同时，他所坚持的通过商业竞争，通过商业运作原则来使盐、茶的销售额增加，从而扩大封建政府的消费税收入的观点，反映了封建社会经济后期对待商品经济发展的一种新的态度在税收领域的露头，而这也是进步思想家所努力争取和宣扬的新生事物。

除了从以上两个角度对通商观点进行论证外，还有一些思想家基于不同的立场进行了阐述，如王安石、苏轼等思想家。总之，消费税政策应实行“一切通商”的思想主张在本时期得到了淋漓尽致的体现，并且成为宋代封建政权财政政策改革实践的指导思想。

二、反对“通商”的思想主张

就通商法本身来讲，还是比较合理的。而朝廷内部因为彼此政治、经济利益的不同，形成了许多种反对通商法的意见。这其中的代表人物主要有欧阳修、刘敞等人。

前面述及欧阳修极力主张盐、茶实施通商之法，主要是他中年以前的消费税思想。而中年以后的他，思想渐趋保守，已不能为普通百姓的利益着想，反而成为权豪势要们的代言人。他以茶消费品为例，反对实行通商之法，并且指出对茶实行通商之法有一利与五害。他说：“臣窃闻议者谓茶之新法既行，而民无私贩之罪，岁省刑人甚多，此一利也。然而为害者五焉。江南、荆湖、两浙数路之民，旧纳茶税，今变租钱，使民破产亡家，怨嗟愁苦，不可堪忍；或举族而逃，或自经而死，此其为害一也。自新法既用，小商所贩至少，大贾绝不通行。前世为法，以抑豪商，不使过侵国利与为潜侈而已。至于通流货财，虽三代至治，犹分四民（即士农工商），以相利养，今乃断绝商旅，此其为害二也。自新法之行，税茶路分，犹有旧茶之税，而新茶之税绝少，年岁之间，旧茶税尽，新茶不登，则顿亏国用，此其为害三也。往时官茶客民入杂(即掺杂),故茶多而贱,遍行天下;今民自买卖,须要真茶,真茶不多,其价遂贵。小商不能多贩,又不暇远行,故近茶之处,顿食贵茶,远茶之方,向去更无茶食。此其为害四也。今年河北军粮,用见钱之法,民入米于州县,以钞算茶于京师,三司(按即盐铁、度支、户部)为于诸场务中,择近上场分(上等茶的茶场)特留八处,专应副河北入米之人,翻钞算清(即按价折算领茶),今场务尽废,然犹有旧茶可算,所以河北和籴,日下未妨。窃闻自明年以后,旧茶当尽,无可清算,则河北和籴,实要见钱,不惟客旅得钱变转不动,兼亦自京师岁岁辇钱于河北和籴,理必不能。此其为害五也。"①

学士刘敞也曾上书反对通商法。他的观点是:从前茶农摘取茶叶,从官府领取本钱,现在反而要向官府缴税,受纳之间,利害百倍。从前百姓贩私茶者受刑罚,现在均赋于一般商人,如不纳赋税就要受刑。从前富商大贾为国经商,州郡只收其税;现在富商大贾缩手不前,税收反而不畅,国用缺乏。

很显然,欧阳修、刘敞是代表朝廷的利益讲话,但实质上通商法如能认真施行,于朝廷并不见得无利。因为园户纳生产税,商人纳交易税,并没有不合理的地方,财政收入也不会因而减少,比较茶叶未采之前就由国家先发"本钱"——即既用专卖政策又掺杂了运送西北边储的折茶简便合理些,茶农也可免除预借本钱的高利贷负担。所以,欧阳修、刘敞反对通商的观点不具备足够的说服力,而最终朝廷亦没有采纳他们的意见,仍决议实行通商法。这从另一个侧面反映了通商法在这一时期是政府实行消费税政策的主流指导思想,它顺应了商品经济发展的客观需要。

三、"一切通商"的消费税思想在北宋中期以后的演变

通商法行之既久,自然也会存在问题,这尤其体现在茶消费品上:其一,驰禁后,三司将岁课茶租均配于茶户,虽考虑到茶户负担能力有限,减轻近半,但茶户部仍有负担过重之忧;其二,商人买茶后贩销,除交纳茶税外,获利不大,商人贩销者日少。

---

① 《欧阳文忠公文集·论茶法奏状》。

针对这些弊端，蔡京初创了茶引法，而后由赵开加以变通，其具体内容是：第一，茶商向官府交纳专卖利益，官府给茶引，商人持引可与盐户自由贸易，茶场官员不得干涉；第二，官府设置合同场，主管验引、秤茶、封记、发放，凡交易必须经合同场所设的茶市，未有引者不得进入茶市，否则以私商论，私商要以法重惩；第三，凡买茶引，春季每斤征收专卖利益七十钱，夏季五十钱，过去开征的头子钱（即手续费）照征，茶在贩运途中，每斤征一钱的过税，到指定地点销售时，要征一钱半的住税；第四，引随茶走，以便检验；第五，茶户（即园户）每十户或十五户共为一保，并登记茶户姓名，互相监督，以免私贩。

这种茶法实际上属于不完全官专卖，国家掌握生产和批发环节，运销则由有引之商自行解决，有引才能与茶户自由交易，所以兼具专卖与通商的优点。官府既不是完全放任，也不是完全垄断，商人既不是完全自由通商，又不完全受制于官府。这种茶法的基本原则，不久又行之于盐法，可见其法影响之深远，后来逐渐形成了引商制度，至清不废。

赵开这一变法也确实起到了增加国家税收的作用，保证了军饷的需要。同时，这一变法也充分体现了消费税思想继“通商”观点盛行后的转变，即国家在获取消费税的时候，既要充分利用商人，以在商品流通发达的基础上取得更多的收入；又要限制商人的贪利取巧，通过国家的参与、引导，消除完全通商的弊端来最大可能地减少不必要的税收损失。这一思想的发展脉络至宋代以后则更为明显。

第三节　流转税制思想：买扑制

买扑制，发端于五代十国时期，在宋朝主要是指关市税、消费税中的酒税的承包制度，即将某一地方的关市税或者酒税，立下一个国家的税额，谓之“年额”，由私人承包，每年向国家缴纳这种固定的年额，多余的则归承包者个人所得。私人自愿承担后，即可在这个特定地区酿酒沽卖，且买扑之后，任何人便不能在这个特定地区卖酒了。这种区域独占的卖酒权力是通过承包酒税而来,因而叫做买扑制度。

以酒税为例,宋代买扑制度的主要内容有:买扑地区的大小,官府并无限制,私人可以根据自己的经济力量去做;任何人买扑到某一地区酒务之后,不仅独占这个地区的酒利,而且不允许其他地方的酒进入他的范围,自然他也不能到其他地区去贩卖;买扑之后,“即给要契”①,官府与扑户两造之间按照“要契”规定办事;熙宁年间买扑制实行“实封投状制”,即一种投标竞争的办法。而有关关市税的买扑也大致类似于此。

通过以上买扑制度的内容,可以归纳出其中所包含的政策思想:

一、通过税收征管权的商品化,以实现封建国家与地方豪强商业利润的共享

买扑制度之所以实行,主要是由于封建国家既不想在课利微薄的地方设官监管,但又不甘心放弃这些利益,因而采取买扑的方法,将关市税、酒税的征管权让渡给恶霸豪势承包,从而封建国家与恶霸豪势共同分割一部分商业利润。对此,陈傅良曾经一针见血地指出:“买扑之利,归于大户。”②但是,从流转税制度的设计上来说,这无疑是一项创新。在上述买扑制度下,扑户所得酒利润是:买扑酒务总收入(即该务售出酒的总价)减去上缴官府的承包的酒税和成本(曲钱、酿酒费用)以及酒匠的佣值,其余数即是。如果总收入减去其他各项而有盈余,即是扑户们的利润;盈余越大,利润也就越大,这对于扑户而言,是一种潜在的激励机制,他们会充分发挥官府所让渡的税收征管权;对于宋代政府而言,通过买扑的实行,节省了大笔的置务费用,同时又得到了应得的收入,从理论上来说,这无疑是个“双赢”的局面。

买扑在熙宁年间采取的“实封投状制”,则更加体现了这一时期政府在让渡税收征管权的商业眼光。统治者看到,投标竞争对于增加国家的流转税收入无疑是非常有利的。而根据史料显示,当时采取这一形式买扑的地

① 《宋会要辑稿·食货》二零之三。
② 《通考·征榷考六·杂征敛》。

区多为商品经济较为发达的地区。这说明了，买扑制在商品经济发达地区发展起来，商业资本显然想是从买扑制中寻找自己的出路。

而有关对实封投状制批判的言论亦很多。宋哲宗元祐初年，反变法派登台之后，反对所有的新法，熙宁年间的实封投状制成为一个重要的反对目标。刘挚首先上章论列，他指出：由于实封投状者志在必得，“交相囊橐，虚自抵本，课额既大，理办敷办，于是百弊随起，决至亏欠，州县劳于督责，患及保任，监锢系累，终无偿纳，课额不为减价，则谁人肯复承买？今天下坊场如此者十五六矣！”[①]刘安世也指出，“买扑场务其弊莫大于实封投状”，“无知之民，利于苟得，竞立高价，务相倾夺”，“往往破家竭产，不偿逋欠，身陷刑禁，家族疏散，至于抵挡之物，亦多假于亲知，因缘同系，沦胥失业，若此之类，不可胜述！”[②]刘挚、刘安世所揭露的情况是存在的，在买扑制度下，扑户大发横财者固然有之，而破家竭产者也同样有之。

二、通过买扑方式与政府所设商税务的密切配合，形成遍及全国的征税网

宋代，既有国家直接委派的都商税院和务场，又有买扑制下的务场，大小的税收机构可谓层层密密。由于税务林立，用来压榨商旅，连封建统治者也不得不承认这一事实：“税场太密”。以蜀川茶税征收的情况看，吕陶曾经指出：“所过场务，远者十处，近者三两处，再远者四五处，过税每斤收二文，五场共计十文。”[③]南宋场务之多，比北宋还要严重：“荆南至纯州材（才）五百余里，而税场之属荆南者四处；夔州与属邑云安巫山相去各不满百里，亦有三税务，如此之类甚多。”[④]“商贾往来，不出襄阳境内二十里而有三税。”[⑤]“［福州福清县］海口镇在县之东，在墟市，县民之适镇者，镇民之至县者……

---

① 刘挚：《忠肃集》卷五，《论役法疏》。

② 刘安世：《尽言集》卷二，《论买扑坊场明状添钱之弊状》。

③ 吕陶：《净德集》卷三，《奏乞罢榷名山等三处茶以广德泽亦不缺备边之费状》。

④ 《宋会要辑稿·食货》一七之四二。

⑤ 《宋会要辑稿·食货》一八之二八。

既税于镇矣，径港在县之南，又置税焉，是二十余里之内凡三税也。”[①]

在层层密密的商税网中，税吏们穷凶极恶地榨取商旅，而封建当权者集团更是靠扩大商税以解决财政困难，因而税收不断加码。如宋仁宗时，“军兴而用益广，前为三司使皆厚赋暴敛，甚者借内藏、率富人出钱，下至果菜皆加税！”[②]“今关市之征戾于古矣！鱼薪蜃蛤，匹夫匹妇之利皆征之。”[③]南宋征商，更加苛重，“关市之征，束薪把菜，亦有所取，利源至多至烦！”[④]这充分暴露了封建统治者的财政搜刮本质，先前的什么商税则例啦、什么皇帝诏书“贩夫贩妇细碎交易”不征啦，等等，早就弃掷一旁、不复闻问了。

事实上，封建国家试图通过买扑税场与国家所设税场相结合的层密税网，来获取更多财政收入的目的并未完全得到实现。如果说，封建国家增加税码，还可能落在国库中，而那些买扑税吏们穷凶极恶地敲诈勒索则完全装在他们自己的腰包里，最终导致了国家财政收入的减少。豪强恶霸买扑得来的税场，“其苛取甚于州县”[⑤]。在“天高皇帝远”的地方，如广州石梯石津“在两山间，田土狭隘，人户耕凿方成聚落”，这两个买扑税场，由乡豪“自置土典栏头，初无客旅，但将人户所收谷米麻豆之属，一一征取”[⑥]，充做税收。就是在宋统治腹心地区，买扑税场也敢于“越数里之外拦税”，“逾二三十里之外拦税”[⑦]。在买扑税场的搅闹之下，国家的税入减少，如“太平州、池州、宁国府、饶州、广德军‘课利细微，皆是大姓豪户买扑邀截民旅故也’”[⑧]。

总之，宋代在流转税征收过程中采取的买扑制度，是在承继了三国两晋南北朝时期的包税制、唐代末年的买扑制基础上进一步发展起来的。如果说，三国两晋南北朝时期的包税制几乎完全是封建统治者税收征管力量薄

---

① 刘克庄：《后村先生大全集》卷八八，《福清县创大参陈公生祠》。
② 欧阳修：《欧阳文忠公文集》卷三二，《王尧臣墓志铭》。
③ 陈舜俞：《都官集》卷二，《厚生五》。
④ 刘子翚：《刘屏山先生集》卷二，《维民论》。
⑤ 《宋会要辑稿·食货》一七之四七至四八。
⑥ 《宋会要辑稿·食货》一八之二三。
⑦ 《宋会要辑稿·食货》一七之二七至二八。
⑧ 《宋会要辑稿·食货》一八之七。

弱而又需要进行财政搜刮的产物，并不代表商品经济的发展的话，那么，宋代业已发展和完善起来的买扑制度，则某种程度上反映了这一时期商品经济的发展、繁荣，尤其是将税收征管的使用权予以商品化、在让渡税权时引入投标竞争的商业运作机制等流转税思想，无疑是本时期商品经济的发展和整个商业的兴盛在封建统治者脑海中的体现。所以说，买扑制度本身是有其合理因素的。但是，在封建的生产方式下，再合理的税收征管方式都会被统治者最终拿来作为搜刮百姓的得力工具。愈是到封建社会的末期，这一趋势便愈加的明显。

第四节 评 析

本时期流转税思想在承继唐五代的基础上进一步发展和深化，这主要表现在两个方面：

一、 流转税中关市税征收的法定化、制度化思想

这又着重体现在商税则例之中。一方面是关市税收入在封建财政收入中地位提高的产物；另一方面又是封建统治者以合法的地位进一步增加财政收入的需要。征收关市之税，古代早已有之。在宋代以前，常被当做临时补助财政不足的权宜之策，或者是在“寓禁于征”思想支配之下，当做抑商的一种手段，故未能形成正常的商税征课制度。直至唐五代以来，开始注意商税税法的公开与制度化，而宋代则进一步发展了这一合理化趋势，制订了商税则例，使得传统关市税在国家法令上正式以过税和住税的名义固定下来，从而有利于消除地方割据势力的滥征行为。从理论上来讲，这一政策思想标志着中央集权制的封建国家将关市税的征收权予以专擅和法定。

这一政策思想的产生具有深远的意义，首先，它促进了封建社会流转税收的规范化趋向的发展。这一趋向是在商品经济不断发展、繁荣的基础上进行的。关市税之所以在宋代，而不是其他的朝代得以合法化、制度化，与宋代存在较频繁的商品交易甚至出现了较大规模的商品流转有着密切的关

系。其次，这一思想使得统治者在处理关市税征管使用权时有了法定的依据。正是由于关市税征收权的专擅和法定，统治者才有可能在这种所有权的基础上灵活的将其使用权予以让渡和商品化，才发展和完善了流转税征收中的买扑制度，才能在买扑制推行的过程中，采取投标竞争的商业运作方式。所以，从某种意义上说，将关市税予以合法化、制度化贯穿着封建统治者更加贪婪地掠取财政收入的核心原则。

二、“一切通商”消费税思想在本时期的盛行

这也继承了唐五代以来消费税思想的发展趋势。这一时期主张以税收的方式向自由经营的私商征课，取代过去“寓税于价”官府专卖政策的思想家，纷纷站在不同的阶级立场，从不同的角度来阐述自己的观点，有从官商利益共享的角度来进行探讨的，有从指责专卖制度存在弊端出发继而提出通商主张的。且探讨的范围较为广泛，涉及盐、茶、酒等诸种消费品。应该说，本时期这一思想的盛行是整个封建社会里有关消费税思想的一个十分醒目的变化。

这一思想的盛行，一方面同商品经济的发展趋势是一致的，对此，思想家们有所阐述。尤其是思想家欧阳修的分析颇有见地，他不仅看到了官府专卖制度的弊端，而且洞悉到专卖制度难以维持的根由，即“兴利广则上难专”，正是现实中获利的渠道太多(这本身就反映了商业的发展和繁荣)，封建政府很难再完全地控制各大宗消费品的生产领域和流通领域，为顺应商业和商品经济的发展潮流，只能采取“通商”措施来获取消费税收入。另一方面，这一思想的盛行也反映了封建社会后期反对对经济生活干预过多、主张经济自由主义思想的抬头。从宋代以后历史发展的趋势来看，国家对征榷制度越是放宽，即对社会经济生活的干预越是少一些，就越有利于商品经济的发展，反之，商品经济的发展就要受到不良影响。

但同时也应该看到，主张“一切通商”的消费税观点在封建社会里是不可能完全实现的，带有一定的幻想性。思想家们在提出“通商”主张的同时，往往过分夸大了它的优点，而忽略了封建政权的存在，从而对“一切通商”的

制度前提认识不足，这是“一切通商”消费税思想的缺陷所在。当然，个别思想家对此也有所述及，如王安石。王安石一方面极力反对传统的专卖政策，他对宋神宗还当面说过，“榷法不宜太多”[①]。所以，当嘉祐年间朝廷议论变官榷为通商时，他是赞成的：“国家罢榷茶之法而使得自贩，于方今实为便，于古义实为宜。有非之者，盖聚敛之臣将尽财利于毫末之间，而不知与之为取之之过也。”[②]但另一方面，王安石也不赞成国家统统放弃专利制度，采取自由放任的政策。这是因为，在王安石看来，封建国家承担均平的职责，如果对专利制度予以放弃或者不加任何干预，那么，“阡陌闾巷之贱人，私取予之势，擅万物之利，以与人主争黔首，而放无穷之欲，非必贵强桀大而后如是”[③]，就是说，在这个时代里，一些有政治身份的贵族、官僚、豪强固然能够进行兼并，而那些没有什么地位的、所谓“贱人”，即新兴的商人和高利贷者也同样能够进行兼并。这就如王安石所指出的，需要国家政权利用征榷专利制度，发挥自己的威势，以抑制兼并势力，因而对专利制度不能进行放松。但是，国家的征榷制度也不能过分依靠豪商巨贾。显而易见，在征榷问题上，王安石既不赞成搞得太多，也不赞成不管不问，放任自流。他是从完全放弃专卖会导致财富的兼并角度来论述其危害性，这似乎已经触及到一个真理的边缘，即在封建社会里，要想实行完全的自由通商政策是不可能的，封建政权固有的局限性，势必会带来新的影响社会安定的弊端因素。

以上是对宋朝深化唐五代以来流转税的两个思想趋向的阐述，除此以外，在流转税思想方面，宋代还出现了具有时代特色的内容：

第一、统治者越来越重视海关税收入，在宋代以前，关税主要是指内地关税，而有关关税思想也主要体现在官府的内地关税制度和思想家有关的言论之中，且如前所述，经历了一个由政治关税思想向财政关税思想演变的过程。至宋代，由于海外贸易的发展，统治者开始重视开发海关税这一新的

---

① 陈瓘：《四明尊尧集》卷五，《王安石熙宁奏对日录》。

② 《临川先生文集》卷七零。

③ 《临川先生文集》卷八二，《度支副使厅壁题名记》。

税源，尤其是抽解制度的确立，充分说明宋代政府对待关税的态度仍然同前述政治关税思想向财政关税思想演变的总趋势保持一致，这同整个封建社会后期财政思想的发展趋向也是一致的。继宋代以后的各历史时期，都愈加重视海关税收，从而关税思想开始由封建前期的内地关税为主转向封建社会后期的以海关关税为主。

第二、出现了对消费品的“引商”制度思想，这一思想是在“一切通商”的消费税观点基础之上产生的，即主张对盐、茶等消费品，国家掌握生产和批发环节，运销则由有引之商自行解决，以此获取消费税收入。这种主张是在看到了自由通商在封建社会实行的先天性制度缺陷和所产生的弊端后，所采取的一种变通方法。它兼顾了完全专卖和自由通商的优点，对于官府来说，既不是完全垄断，也不是完全放任；对于商人而言，既不完全受制于官府，又不完全自由通商。这一制度思想，一方面，反映了宋代官商之间的继续妥协与合作，因为本时期官府已经不可能对消费品实行专利，主要由于商品经济的发展和商业的壮大，而基于封建政权的专政实力，商人也不可能通过自由通商获取较多的商业利润，最终，只能通过官商俱利的方式来共同瓜分商业利润，这种妥协与合作同买扑制度在本时期的实行是一致的，这从另一个角度反映了，流转税的征收与抑制商人、商业的发展之间愈来愈背离。这一趋势在其后的历史时期将表现得更加明显；另一方面，反映了封建政权中商品经济与自然经济之间的深层次矛盾，唐宋以来商品经济的发展是促使流转税思想发生向“通商”观念进行转变的根本原因，而完全的“通商”之所以得不到实行，恰恰是由于封建的生产方式，如若实行“通商”，尽管未必会减少封建政府的财政收入，但必将会进一步地刺激商品经济和商业的发展，最终会给封建自给自足的经济基础以强烈的冲击，这显然是封建统治者所不愿看到的，也正是由于这个原因，尽管这一时期经济思想界内盛行“通商”，但封建改革实践中却是好景不长，由通商向引商的转变便是明证。这一转变在宋以后的朝代也得到了进一步的发展。

此外，本时期有关流转税具体理论方面的探讨仍在继续，主要表现在两个方面：

一是从价税观点。元丰三年琼管指出海南地区征收商税，系按商船大小以丈尺为标准课税，谓之“格纳”。结果因商船所载货物不同，故对类似船只所征课的同一商税与其所载货物价值相比较，往往“输钱多寡十倍”。因此，他建议取消“格纳”、“请自今用物贵贱多寡计税”①，即以课征对象的价格为标准计税。可见，他对征收从价税可以避免以船为单位征税而造成的负担不均之弊端已有比较清楚的认识。

二是流转税的转嫁观点。哲宗即位时，王岩叟曾针对有人拟增加盐税的主张，指出在当初国家专卖条件下，即有商贾自请于官，“乞罢榷买，愿输倍税”。当时“主计者但知于商贾倍得税缗以为利，不知商贾将于民间复增卖价以为害也”②。这样就揭穿了增加消费税必然会通过租税转嫁而加害于人民的实质。这一观点与唐代李珏论租税与价格的关系，同属对流转税转嫁问题的表述。而王岩叟提出的输纳倍税的商贾“将于民间复增卖价以为害”，在租税转嫁涵义的表现形式上更为准确。

总之，封建商品经济发展到宋代，人们有关流转税的观点较之前代思想家已更为深入和细致，并开始逐渐摆脱抑商思想的传统束缚。这是本时期流转税思想发展的一个显著特点。

---

① 《宋史》卷一八六，《食货志下八》。

② 《宋史》卷一八二，《食货志下四》。

第六章　元朝流转税思想研究

元朝(公元1279～1368年)是封建王朝的承续,但又不是简单地继承和延续,忽必烈及其继承者在接受汉地封建政治的同时,又保留了蒙古奴隶主的某些统治制度,这在一定程度上阻碍着社会生产力的发展。但是,元朝的社会经济毕竟建立在发达的封建经济地区,元灭南宋时,对江南经济的破坏程度较对北方故金之地要小得多,加之元朝统治者采取了诸多恢复和发展农业的得力措施,而农业经济的恢复和发展是其他经济恢复和发展的基础和条件。在此基础之上,元朝的商业也日臻繁盛。国内商业市场十分繁荣,陆路商贩往来不绝,内河则有三、四百料或五百料船贩运商货,以至阻断河道。对外贸易更有显著发展,在通往西域的驿道上,往来商贩络绎不绝;海上贸易更加频繁,私商以巨艘大舶交日本、高丽及南洋诸国。繁盛的商业造就了繁荣的商业都会和城市,当时的京城大都、原南宋都城杭州等古城,都呈现出前所未有的繁华景象。

元朝商业迅速恢复和发展的客观实际在本时期流转税思想的演变方面得到了很好的体现。

第一节　关税思想的演化:市舶课思想

元朝对国内商船与海外诸国的往还贸易及海外诸国船只来华贸易,统称市舶,对进行贸易的中外船舶所载之货的抽分与课税,简称之为市舶课。由于元朝国土辽阔,海岸线长,加之造船、航海技术的进步,海外贸易有相当程度的发展。元朝海上贸易的基本原则是“损中国无用之货，易远方难制之物”[①]。这在经济上具有“以有余易不足”、以“无用换有用”的意义，同时也包含着维护国家经济主权的政治意义。

元朝的关税思想继续深化宋代以来注重外部关税的演变倾向，并进一步地予以发展，这尤其体现于本时期所实行的市舶课制度之中，具体地有：

一、 以官营海外贸易来获取财政收入

元朝创行官营海外贸易新制：“每岁招集（中国）海船，于番邦博易珠翠、香物等物”[②]。具体经营方式是“官自具船，给本，选人入蕃，贸易诸货。其所获之息，以十分为率，官取其七，所易人得其三”[③]。同时禁止私人下海贸易。这一政策思想与宋代完全依靠私人发展海外贸易的情形迥然相异。其创始者是卢世荣，他曾建议：“于泉、杭二州立市舶都转运司，造船给本，令人商贩。官有其利七，商有其三。禁私贩海者。拘其先所蓄宝货，官买之。匿者，许告，没其财，半给告者。”[④]元政府将此建议付诸实施，显然想通过官营海外贸易独占全部利益。

应该说，这种对海外贸易实行官营的政策思想在当时除了获取市舶厚利之外，还有利于调整中国物轻、蕃货反重的倾向，进而达到平抑物价，稳定土货与蕃货的目的。然而这种制度难以持久，一个重要原因是市舶司官员自坏成法。“至元二十八年八月二十六日奏过事内一件：南人燕参政说，有市舶司的勾当，是国家大得济的勾当……近来忙兀台沙不丁等，自己根寻利息。上头船每来呵，教军每看守着，将他每的船封了，好细财物拣选要了。为这般，奈何上头那壁的船只不出来。有咱每这里入去来的每些小来。为那上头市舶司的勾当坏了。”[⑤]意思是说，市舶司官员徇私贪黩，以至外舶不

---

① 《元文类》卷四零，《市舶》。

② 《元史·食货二》。

③ 《元史·食货志》（八），第2402页。

④ 《元史·卢世荣传》。

⑤ 《元典章·户部八·市舶》。

来,中国商人很少愿意应募出海,影响了国家的财政收入。元政府认为,这是法度不完善之故,于是次年即“命市舶验货抽分”,并由“中书省定抽分之数及漏税之法”[①]。这些市舶条例的制订实际标志着官府独占海外贸易制度的结束。

二、 对中外货物实施区别征税

这一思想体现在“单抽双抽之制”中。至元十七年前,凡海舶载来货物,不分外国货还是本国货,一律按番货实行双抽,即由市舶司抽分之外,再行贩卖另抽若干以充商税。至元二十九年的规定说:“凡商旅贩泉、福等处已抽之物,于本省市舶司之地卖者,细色于二十五分之中取一,粗色于三十分中取一,免其输税。”[②]因为市舶司对“已抽之物”再抽若干充商税,故有“双抽”之名。至元十七年,上海市舶司提控王楠奏称:“凡有客船自泉、福等郡短贩土产吉布条铁等物,到舶抽分,却非蕃货。蒙官司照原文凭蕃货体例双抽,为此客少。参详吉布条铁等货,即系本处土产物货,若依蕃货例双抽,似乎太重,客旅生受。今后兴贩泉福物货,依数单抽。”[③]事实上,本国土产经内陆贩卖只需纳商税,而经过海路却要纳入口税及商税两种税收的确不合理。所谓单抽、双抽,可能是对蕃货实行双倍的抽分,对土货的抽分则不加倍。总之,对土货和蕃货的抽分,实行区别对待的政策。这种政策有鼓励土货出口,限制蕃货进口,保护本国工商业发展的意义。这一政策思想在元以前各代均未实行过,因而是一种进步。

三、 抽分与征税相结合

至元三十年规定,所有舶货在抽分之外,一律另征三十分之一的舶税,与抽分通行结课。这种抽分加税的市舶课制度,较仅抽分更前进了一步。

---

① 《元史·食货二》。

② 《元史·食货二·市舶》。

③ 《元史·食货二·市舶》。

这显然是元朝商品经济有所发展、对外贸易较为繁荣的体现。

此外,元朝还非常注重运用国家法令的威力来保证市舶课收入的获得,这一思想将放至第四节中进行详尽的论述。

总之,元朝关税思想方面有关注重外部关税的政策主张,尤其是单、双抽制度中所体现出的对土货、蕃货实施差别关税的思想,对后世影响及其深远,它使得外部关税由财政取得向保护国内工商业目的进行转变在元朝初现端倪,尽管我们说,在漫长的封建社会里,这一转变是缓慢的,甚至有诸多反复。

第二节 "住税"市税思想

前述宋朝制度,有住税,有过税。所谓过税,指商人贩运货物过程中沿途关卡所纳之税,即传统的内部关税;所谓住税,即货物在市场交易后应纳之税。金朝亦有住税和过税,大定二年(1162 年),"罢诸路关税,止令讥察"[①]。关税即过税。据此,可以认为,金朝原来有过税,有住税,大定二年以后,只有住税,不再征关税(过税)。

元代官方文献中,没有关于住税、过税的明确记载。明初编纂《元史》,其《食货志·商税》部分,对这个重要问题也不曾涉及。元人黄溍曾说:"征商之制,有住税而无过税。"[②]黄溍是元代中期著名学者,曾出任地方官、学官,政事历练,熟悉掌故,所说必然有据。事实上,入元以后,有关诏令、文书,反复强调商税三十取一之法,实际上讲的就是住税,可见在政府心目中,商税只有住税一种。黄溍在上述文字后面接着说:"公(郴州路总管王都中——引者)命务官取之必法,而行旅皆欲出其途。"务官,指税务官,"必法"者严格按照规定办事,不征过税,所以商旅都愿意从郴州经过。这从侧面证明了元代在征收关市税方面,注重市税,即住税,而关税渐已侧重于外部关税,如第一节所述。

---

① 《金史》卷四九,《食货志四·诸征商》。

② 《金华先生文集》卷三一,《王公墓志铭》。

从有关元代征收住税的史料中，可以归纳出传统的交易税思想演变至这一时期所呈现出的变化和趋势：

一、 用较低的税率刺激商业的发展

元代统治者尚保存着游牧民族常有的商业精神和重视发展商业资本的特征，所以在处理市税问题上也贯穿着他们的重视商业原则。为鼓励商业经济的发展，元朝统治者制定了较低的市税税率。在商业都会，市税税率一般为三十取一，边远地区，商旅艰难，故实行六十取一的税率，每遇灾荒还常有减免。这些都充分体现了元朝重商的税收思想。

二、 许可课税法在市税征收中的运用

元朝需缴纳市场交易税的商品种类较为广泛，粗略加以归纳，主要有农产品，粮食、蔬菜、牲畜等；手工业产品，纺织品、日常生活用具、生产工具等；固定资产，如房屋、土地等；人口，及其其他物品。对于从事以上产品交易的商人，元朝规定，必须按月纳税，诸郡于每年四月十五日以前缴纳税收。商人纳税后，方可入城交易，如无纳税凭证，或不出示凭证，即视为匿税。这显然采取了一种许可课税法，作为流转税的一种古老课税方法，其旨意在于规定商品生产者和贩卖者必须向政府纳税，取得许可，才能在当地市场设立商铺进行营业。这一方法无疑简化了官府的征税环节，较为便利，且相对来说使得官府较为稳定地获取市税收入，但这一征税方法也是不符合公平、合理原则的，因为它对于同一行业类别的商品交易者，不论其资本额大小和营业额多少，都课征相同的税额。

三、 市税收入倚重于商品经济发达的大中城市

元朝政府将商税征收机构按照征税数额划分为不同等级。大都税课(宣课)提举司和杭州税课提举司阶从五品。[①] 其余税务则按万锭之上、五千

① 《元典章》卷七，《吏部一·内外文武职品》。

锭之上、三千锭之上、一千锭以上、五百锭之上五等，品阶分别是从六、正七、从七、正八、从八。这些税务机构便是元代比较重要的商业城市，在一定意义上，从它们的分布情况，可以看出各地区商品经济发达的程度。而元代大部分市税收入来源于这些商业较为发达的大中城市。

这一趋势亦反映了封建社会后期市税制度思想的一个变化，即传统的商品交易税越来越向城市营业税过渡，对市税的征收和管理日趋规范。

第三节　"一切通商"消费税思想的嬗变(1)：专卖与收税并行

消费税思想发展至宋代，如前所述，通商观念占主流，但北宋中期以后，针对自由通商所出现的弊端，政策界又出现了一变通的指导思想，即引商思想，它兼顾自由通商和完全专卖的优点。这一思路至元代则有了另外一种变通和深化。

一、　有关对完全专卖进行指责、批判的言论仍旧在持续

这主要体现在马端临的论述中。马端临不赞成封建国家从事专卖，认为"古者帝王，其物货取之任土所贡而有余，未有国家而市物者也"①。他向往的制度是让人民自由经营，而封建国家征收捐税。如以酒为例，他反对官府自行酿造售卖，主张"听民酿造，纳税之后，从便酤卖"②。可是，他又说：官营盐铁是取之山泽，酒酤均输则取之商贾逐利者，"稍夺之以助县官经费，而不致尽倚办于农田之租赋，亦崇本抑末之意"，从而认为桑弘羊的官营专卖政策，"未可深訾"③。由此可见，他之向往商业自由经营也不是绝对的。这一思想同宋代欧阳修的观点可以说是一脉相传的。

① 《通考・自序》。
② 《通考・征榷四》。
③ 《通考・征榷六》。

二、 出现了专卖与收税并行的消费税主张

元平江南之后，国家的大宗资源都为权豪势要之家把持，他们或囤积居奇，待价而沽；或侵吞国家岁课，谋取私利。而对百姓自产的零星小商品，如竹货之类，反而限制得很严，“使民重困，又致南北竹货不通”[①]。这不仅严重干扰了商品的生产和流通，而且严重影响国家财政收入。面对这种现实，卢世荣采取了对小商品实行征税制，放手发展；对大宗商品实行国家垄断的征税与专卖并行的消费税政策。其具体表现在三个方面：

1. 废除各处竹监，允许百姓在江湖捕鱼

元自至元四年(公元 1267 年)开始对怀孟等路的竹货实现专卖制度，由国家垄断竹货。江河、湖泊本来允许百姓采捕，但后来权势之家多勾结官府，不准百姓到江河、湖泊去捕鱼。凡此种种，都有碍于商品的流通，不利于人民的生产和生活。卢世荣奏准元世祖，下诏罢除各处竹监，废止竹货专卖，允许百姓自由贩卖，而以征税的方式，调节其生产和流通。又下诏令各处不准拘禁江河湖泊，听民采捕而征收渔课。对竹货之类的小商品实行征税制度，既可促进小商品的生产，又能货畅其流，国家也可从中获利。显然，这项政策不仅符合经济规律，也有其可行性。

2. 整顿盐课

元初实行盐引法，盐商向国家纳课领引，商人凭引取盐。国家征收的引课，每引四百斤，纳课钞十五两。这种引课本来不重，可盐商却垄断市场，“停货待价”，以每引八十两的高价出售，京师更达一百二十两以上，贫民因无力购买，往往淡食。于是卢世荣实行商专卖与常平盐并行的制度，削减商人盐引的三分之一(原卖给商人的盐引为三百万引，现仅卖给二百万引)，散给诸路官府，设立常平盐，待盐价上涨时，以平价出售，这种做法既稳定了盐价，有利于庶民，又打击了投机商人，将盐商原来所得到的一部分盐利转归

---

① 《元史》卷二零五，《卢世荣传》。

国家。

3. 整顿酒课

卢世荣任中书右丞以前，京师及各路允许富豪之家酿酒沽卖。卢世荣上任之后，了解到京师富户唯利是图，所酿之酒，质次价高，而且不及时向国家纳税。于是，卢世荣建议在京师罢除私酿，由官府出钞五万锭，实行官专卖，并增酒课十倍。[①] 他经过计算得知"大都酒课，日用米千石，以天下之众比京师，当居三分之二，酒课亦当日用米二千石。今各路但总计日用米三百六十石而已，其奸欺盗隐如此，安可不禁"[②]。就是说，诸路富豪私酿之酒，偷漏酒课竟达百分之八十二以上，这必然影响国家的财政收入。于是，卢世荣责成各路增加酒课二十倍，有不如数缴纳者，重责之。这一措施未免有些过苛，但也是切中时弊的，而这也正体现了卢世荣对非生活必需品征收重税，限制其生产和消费的思想。

总之，卢世荣有关专卖与征税并行的消费税思想贯穿于他的诸项改革中，这为解决唐宋以来"寓税于价"的完全专卖与自由通商之间的矛盾无疑是另辟蹊径，同时也丰富了这一时期的消费税思想。

第四节　流转税制思想：流转税征收中的法治思想

元代在流转税课管中对违法行为的处罚，既吸收了唐、宋、金等前代政权的统治经验，又在对流转税课管的实践中完善了其监督与处罚制度。随着元社会的发展及其统治者不断受汉文化影响的深入，元代不仅各级财税管理机构的设置有所创新和发展、会计监察与审计制度日趋完善，而且对流转税课管官吏及纳税人的违章违法行为有较严密的防范措施与处罚规则。在《大元圣政国朝典章》等有关赋税课管的法制中，有许多关于这一方面的

① 参见《元史纪事本末》卷七，《阿合马桑卢之奸》。

② 《元史纪事本末》卷七，《阿合马桑卢之奸》。

处罚规定。从法律条文本身来看，它主要包括两点：其一，界定流转税课管中的合法与非法行为；其二，对非法行为的处罚细则。这些法律条文本身也反映了本时期对于流转税的征收管理始终贯穿着法治原则的核心思想。

元代有关流转税诸税种征管的法律条文分别是：

一、违反市舶、商税课管的处罚律令

1. 市舶违法罚则

元代市舶课管罚则"因宋旧制而略有增益"[①]，主要有：严禁私自出海贸易；对外贸易货物实行分类管理；市舶课管管理的禁例罚则。

元市舶课管禁则较宋松弛。一般来说，除了专卖品外，只要出入海港的中外船舶按章抽分与纳税，即可从事海外贸易。不过，其市舶课管罚则仍是相对完备的。主要内容有：舶商出海手续、检查方法、抽分、课税比例、禁止出口的货物种类等。另外，元制还规定：市舶货物实行分类管理，抽分课税分细色、粗色，所课货物分土货、蕃货。元初市舶抽分规定为：细色舶货一百三十四种十分抽一，粗色舶货八十九种十五分抽一。[②] 抽分之后，另课三十分之一的商税。至于土、蕃货物，则、分别实行单抽、双抽制度。

2. 商税违法罚则

对于商税课管，元律对纳税人、课税范围、手续、课管官吏职责等作出了系统的法律规定。

元承宋制立商税法，但又据其实际而有所更改。元商税法至世祖中期始成定制。起初商税较轻，行三十取一之制。上都等地也有六十或四十取一之法。不久，不论税项、税率、纳税范围等都有大量增加。按规定："诸在城及乡村有市集之处，课税有常法"[③]，商贩皆须依法纳税并由税务发给纳税凭证，若偷漏税或隐匿应纳税货物，为官司所捕获，除财物没官外，另外笞、

① 《续文献通考》卷二六，《市籴》。

② 参见殷崇浩主编《中国税收通史》，光明日报出版社，1991 年版。

③ 《元史》卷一百四，《刑法》。

杖五十不等的处罚。元律还规定:商税课管官吏不得违法多征、滥征、索要商货或贪污、挪用税款等,否则,“计所利坐赃论”。

二、违犯专卖产品课管的处罚律令

元代所属专卖品赋税课管的律令,主要涉及盐、茶、酒醋等专营产品,此处以盐消费品为例:

元代有关盐课违法罚则,包括两个方面:其一,对主管盐课官吏的禁例罚则。元律规定,盐课“官吏违反禁条,营谋私利,侵损官课,阻碍商人者,逐一出榜,严行禁治”①。同时规定,官吏违法刻剥或阻拦商贩,计赃论罪,并赔偿损失。与此同时,对“官吏守法,商贾通便,课程增多”的,则按制升赏。②其二,对盐贩或其他临时经营食盐买卖者以及普通民户的禁例罚则。其规定主要有贩盐商贾须按章纳税。元代盐法除了官运官销外,还有商运商销和征税制。元初,即令太原自制土盐与四川井盐一度实行征税制,其课率为十之三。对商运商销者,“到处不呈引发卖,及盐引数外夹带,盐引不相随,并同私盐法。盐已卖,五日内不赴司县批纳引目,杖六十,徒一年,因而转用者同卖私盐法”③。

综上,元代为维护赋税制度的正常施行而颁布的一系列有关在流转税课管中违法处罚法规,体现了鲜明的时代特征和法治思想。它对保证元代的流转税收入、维护课纳双方的合法权益,鼓励合法经营、打击不法活动等都产生了重要的影响。

第五节　评　析

元朝作为中国封建王朝的承续,由于其建立过程与其统治阶级的特殊

① 《元典章》卷二二,《户部·课程》。
② 《元典章》卷二二,《户部·课程》。
③ 《元史》卷一四零,《刑法》。

性，使得整个封建政治出现逆转之势，既而影响了其经济政策的实施，反映在经济思想上，那便是诸多观点、主张呈现出历史的不连续性。而体现在流转税思想方面，亦有这一特征。但是，我们不能因此而割断历史的发展，根据前面有关流转税诸税种及整个税制思想的阐述，本时期流转税思想仍有其继承的一面，具体表现为：

一、 关税思想方面

本时期仍继承了唐宋以来注重外部关税收入的政策指导思想，体现在具体制度上，则较宋代更为完备。尤其是海关税中的单抽双抽制度，颇类似于现代的差别贸易关税，具有保护国内工商业发展及国内贸易的保护关税思想萌芽，这一萌芽至明清时期得到了发展。

二、 消费税思想方面

本时期以卢世荣为代表，提倡的专卖与征税并行的消费税思想，承继了宋中期以来的引商变化趋势，这一思想主张对小额商品实行征税制，鼓励其发展；对于大宗消费品实行国家垄断，以防止富商大贾从中牟利。与宋代出现的引商思想一致的是，卢世荣亦意识到了单纯的垄断，或单纯的通商在封建政权下都将会产生负面影响，尤其会严重干扰商货在市场上的正常流通。如果说宋代出现这一思想萌芽主要的出发点还是从封建国家财政收入的角度，抑或出于抑制权豪势要威势的需要，那么元代的卢世荣则更多地从商品流通的角度，接近于从商品经济的眼光出发来看待专卖与征税并行这一问题。何况，元代经济领域内的重商意识丝毫不亚于前朝。所以说，唐宋以来的消费税思想的演变趋势，乃至其背后所反映出的对待商业的态度在元朝并没有中断，而是得到了进一步地继承与发展。

三、 包税制思想方面

元代普遍推行富商承包国家流转税的办法，类似于宋代的买扑制。且元王朝将买扑制推广到全国各类流转税税种，并且不限其税额。如太宗时即有西域贾人奥都拉合蛮以银四万四千锭买扑中原银课，得到许可，此外，盐课、酒课均听人买扑。这一方面反映了元代财政领域里重商气氛的浓重，竟将国家大量的流转税收交给商人承包；另一方面，也说明了元代统治者进行财政搜刮的封建本质。事实上，按照元代包税制的规定，只要商人将一定数额的款项交给国家，国家就将某一项赋税征收权转让给这位商人，这位商人就可以凭借以金钱换来的征税权，向百姓肆意征收赋税，它给国家和百姓带来的危害无疑是深重的。早在宋代，便有许多思想家对包税制提出了异议，如宋哲宗曾借口“以理财为讳”而诏罢“买扑土产税场”[①]，至元代，针对普遍推行包税制的客观现实，耶律楚材认为包税者都是一群奸人，“欺上罔下，为害甚大”，于是便上奏太宗，要求一一罢除。耶律楚材之所以反对包税制度，是因为这种制度误国害民，所以他说：“兴一利不若除一害，生一事不若减一事。人以为班超之言，盖平平耳，千古之下，自有定论。”[②]他预料到，现在提出反对，有人会以为象班超之言，似乎没有什么出奇之处，今后就会看出其弊病，就会证明他的论断是正确的。果然，他的话并没有引起统治者的重视，后来在太宗十一年时，便有回鹘商人奥都拉合蛮以四万四千锭买扑中原税课（刚成立税课所时，中原税课定为一万锭，占领河南以后增为二万二千锭），比占领河南时的税课增加一倍，而向人民的征索，更不知几倍于此了。对此，耶律楚材极力反对，他说：“虽取四十四万亦可得，不过严设法禁，阴夺民利耳，民穷为盗，非国之福。”[③]但是由于左右大臣都为商人所收买，太宗也为商人的花言巧语所迷惑，于是令试行之。耶律楚材最终无法改变太宗的主意，他只好慨叹说：“扑买之利既兴，必有蹑迹而篡其后者，民之穷困将自此始，于是政出多门矣。”[④]从中可以看出，耶律楚材反对包税制度的目的是为了安定百姓，使百姓免受商人的中间盘剥，从而为国家培养税源，以巩固元朝的统治。

---

① 《宋史》卷一七九，

② 《耶律（楚材）公神道碑》

③ 《耶律（楚材）公神道碑》。

④ 《耶律（楚材）公神道碑》。

此外，这一时期也有思想家对流转税负担问题进行了探讨，如刘秉忠便主张对工商税收应该“禁横取，减税法，以利百姓”[①]。从这一思想出发，他认为先行的“关市津梁正税十五分之一”的税制过重，应该按照旧制实行三十分之一。他认为耶律楚材所制订的盐铁专卖、商贾酒醋货殖等税课制度，“已为不轻”，可后来奥都拉合蛮又加倍榷之，而且榷后又往往“科取民间”，国家先“榷之”，而后包税商人又“科之”，便使百姓“无所措手足”。所以他主张应该“从旧例办榷，更或减轻，罢繁碎，止科征，无从献利之徒削民害国”[②]。他认为，只有“居官在位者勿侵民利，商贾与民和好交易，不生擅夺欺罔之害”，才真正有利于国家。

在继承前朝的基础之上，本时期的流转税思想还具有鲜明的时代特征，如对市税采取较低的税率所体现出的强烈的重商意识，特别重视市舶课的征管思想，还有在对流转税进行征收管理时所贯穿的法治理念，这些思想主张在后代仍继续发展和深化。

① 《元史・刘秉忠传》。
② 《元史・刘秉忠传》。

第七章　明朝时期流转税思想

明朝(公元1368～1644年),共立国二百七十七年。这二百七十余年,是中国封建制度开始走向没落的时代,在明朝从始至终,已经看不到封建制度的积极因素和朝气向上的痕迹了,在封建母体内已开始孕育资本主义生产方式的萌芽。这一状况反映在赋税思想上,一方面仍旧存在历代封建赋税观念的发展、演变;另一方面,在资本主义萌芽产生之后,由于城市商品经济以及海外贸易的发展,出现了进一步拓展流转税的思想。而这些流转税思想和主张的出现,大多反映了当时当地的政治与财政状况中现实存在的问题,所触及的方面和论述的内涵,较之前代更为广泛,且更加注重于现实。

第一节　财政关税思想的复兴

明代的关税包括内地关税和海关税,它与现代关税的含义不太相同,这是因为明代的关税与商税有着密切的联系,这种联系不仅表现在商税的税务机关与税率上,更主要的是表现在商税以课于过关货物的通过税特别繁多上,许多商税在本质上就是内地关税,如塌房税、过坝税等。这些内地关税制度设立的本身便具有财政征收的特质;而这一时期对于海关税收的观点和主张也具有这一特点。

一、 内地关税的财政征收思想

明代的内地关税主要包括以下三大类:钞关税,工关税,门税、过坝税和船税。这些税目的设立,虽然有的初衷在于流通钞法,但最后都变成搜刮财政收入的得力途径。如门税的征收,在弘治初岁入钞66万余贯,钱288万余文,弘治末年数额大减。正德七年以后,门税奇苛,各门监税官类多掊克,以苛税敛取民财,使门税收入大增,较弘治年间,钞增加4倍,钱增加30万,商民深为其困,严重阻碍了商品经济的发展。至明代末年,门税更为苛重,"举子皆不免,甚至击杀觐吏"①,横征暴敛,终成苛政,直至明亡。而钞关税的财政征收目的更为明显,尤其在万历中期以后。嘉、隆时期商业活动大量增多的势头,在万历前期仍然继续着,至万历中期达到了高峰,表现为空前的商业繁荣。但是,这种商业活动的扩大和繁荣,也刺激了以明神宗为首的封建统治集团的贪婪胃口。自万历二十六年起,税监频出,遍布全国,"或征市舶,或征店税,或专领税务,或兼领开采"。② 其中,对经营长途贩运贸易的行商所进行的勒索和掠夺尤为严重,例如,在长江之上,仅自九江至扬州数百里水程之间,就有湖口、安庆、池口、荻港、芜湖、采石、金陵、瓜埠、仪真等多处关卡进行抽税,其中多数为税监所新设。南直隶巡抚刘曰梧曾就此上疏曰:"长江顺风扬帆,日可三四百里,今三四百里间,五六委官拦江把截,是一日经五六税也。谓非重征叠税,可乎?"③在江北运河南半段,则差有税监二员,"一驻徐州,一驻扬州仪真县。无籍棍徒,营充委官,星罗棋布,重征叠抽,全无则例,商民困惫已及"④。各个商道上都有税监委派的地方恶棍充当税吏,"水陆行数十里,即树旗建厂。视商贾懦者,肆为攘夺,没其全资"⑤。给行商的贩运贸易造成了极大的困难。

可以说,由于征税环节中的弊病,统治者获取更多财政收入的目的并没有得到完全地实现。在万历三十年九月,户部尚书赵世卿针对各钞关税收"以原额约之,岁缩一岁,几减三分之一"的情况,将各钞关司榷官员所申报

---

① 《明会典》卷三五。
② 《明史·食货志》。
③ 《明神宗实录》卷三五九。
④ 顾炎武:《天下郡国利病书》原编第十册《淮安》,引《淮关志》
⑤ 《明史·食货志》。

的亏损理由条列奏上："在河西务钞关，则称税使征敛，以至商少，如先年布店计一百六十余名，今止存三十余家矣，在临清关，则称往年伙商三十八人，皆为沿途税使盘验抽罚，资本尽折，独存二人矣。又称临清向来缎店三十二座，今闭门二十一家；布店七十三座，今闭门四十五家；杂货店六十五座，今闭门四十一家；辽左布商，绝无一致矣。在淮安关，则称南河一带剥来货物，多为仪真、徐州税监差人挟捉，各商畏缩不来矣。其它烦辞，不敢一一陈渎。大都人情熙熙攘攘，竞利而来。各商不惜霜风跋涉之劳，不惮湖海波涛之险，以竞尺寸之利。无乃税使之害，尤甚于跋涉风涛者，则苛政猛于虎之说也。天地生财，止有此数，多之于此，必损之彼，皇上得无以连年税使供进有余乎？不知其所朘削者，即各关不足之数也。"[①]从这段材料可以清楚地看出，钞关税收下降的主要原因，在于税监凶残地征敛掠夺，使得商人将贩运贸易"视为畏途"、"畏缩不来"，造成了行商数目与贩运商品量的急剧减少。在这种情况下，以榷收过往商货为主要对象的各个钞关自然要征不足额了。万历三十二年，赵世卿又一次就钞关税收亏减问题上言道："河西务等钞关七处，征收船料商税，岁该三十万二千七百余两。数年以前(按指万历二十六年税监差出之前)，岂惟不至亏欠，间且报有羡余。自万历三十至三十二年，三年之间共亏原额银三十一万一千九百有奇。日侵月剥，莫知所底，将何所资其缓急之用乎？"[②]前时的钞关税收不但年年足额，且时常解有羡余，反映了商业形式蓬勃向上的大好形势。而此后，则出现了连年征不足额的现象。直到万历三十二年，这种逐年下降的趋势仍在继续，关税年年要亏额十万两以上。这说明税监的横征暴敛，已经导致了明代的商业活动特别是长距离贸易的萎缩。更为严重的是，这一征商狂潮充分显示了封建专制势力的余威，遏制了自明初以来商业活动持续增多、国内市场日益扩大的自然趋势，使其出现了人为的中断，为我国资本主义萌芽的产生和成长罩上了一层深重的阴影。

---

① 《明经世文编》卷四一一。

② 《明神宗实录》卷四一四。

二、 外部关税的财政征收思想

明朝的对外贸易，特别是海上对外贸易较之以前各朝都有很大的发展。而明代的海关税在开征之初，收入并不多，但是随着对外贸易的发展，海关税收入日益增加，所起的作用也越来越大。到嘉靖时已是“军需国库，半取于市舶”。为此，朝廷上下许多人都极力主张发展对外贸易，且都出于增加国家关税收入的财政角度，纷纷发表言论。其中影响较大的要数广东巡抚林富的上奏，林富身为广东巡抚，深感通商征税不论是对于国家，还是对于地方都是非常必要的，为此向朝廷上奏道：“粤中公私诸费多资商税，番舶不至，则公私皆竭，今许佛郎机互市有四利焉：往时诸番常贡外，原有抽分之法，稍取其余，只供御用，利一。两粤比岁用兵，库藏耗竭，籍以充军饷，备不虞，利二。粤西素仰给粤东，小有征发即措办不前，若番舶流通，则上下交济，利三。小民以懋迁为生，持一钱之费，即得展转贩易，衣食其中，利四。助国利民，两有所赖……”①林富的奏言对明代的海关税政策影响很大，自此以后，明朝政府日益重视海关税收入之利，为了取得更多的海关税收入，一再提高海关税税率并改变征收办法。

思想家邱浚也提出了开放海外贸易，通过征收海关税以足国用的观点。自宋代设立市舶司，准许商人出海贸易和海外商货进口交易以后，由于封建统治者闭关锁国，在满足于自给自足和防止沿海走私骚扰的思想支配下，明初实行海禁政策。对此邱浚认为：“中国之物自足其用，固无待于外夷，而外夷所用则不可无中国物也，私通溢出之患断不能绝。”②因为利之所在，民不畏死，既难以禁绝，不如开放海外贸易，在民自为市的前提下，政府对贸易双方征之以税，从而更可增加收入，这样，“不扰中国之民，而得外邦之助，是亦足国用之一端也，其视前代算间架，经总制钱之类滥取于民者，岂不犹贤乎

---

① 《岭南文献轨范》卷一。

② 《大学衍义补》卷二五，《制国用·市籴之令》。

哉!”[①]并建议恢复市舶司,凡商人出海贸易须就贩售货物种类、数量、贸易路线等事项,报经市舶司稽查征税后,允许其运入国内售卖。邱浚的这一议论,显然亦从满足国家财用的角度出发,要求国家开征海关税,这对明初封建统治者立足于自然经济,单纯的农本思想和闭关自守的赋税观念是一个具有深远意义的突破。直至清代,不少思想家和政治家的经济和财政理论中,都沿袭此议而更有所发展。

至明代中后期,仍有思想家极力主张开征海关税以满足国家的财政需要。如嘉靖时尚书郑晓等人曾经指出市舶有四利:“所以通华夷之情,迁有无之货,收征税之利,减戍边之费”[②],把海外贸易作为国家税收的一个重要来源。思想家许孚远在论述禁止海外贸易有四害时,也指出海防军事经费大部分取自于海外贸易税收,如不通商势必重敛于民,而禁海后民穷财尽,甚难取给。若开放东西两洋的海上贸易,并由官府加以严格控制,则既能敷海防军费需要,还可以获得巨额财政收入。[③]

综上,明代思想家论证开放海禁时,多以扩大国家税收来源,满足各项开支费用为理由,尽管在阐述时,也夹杂以从国际间商品互通有无的贸易经济角度,但多侧重于海关税的财政职能,将流转税的视野,从国内贸易扩展到海外贸易。因此,本时期所呈现出的外部关税思想同样具有财政征收的特质。

第二节　交易税思想

明代的商品交易税主要有落地税和市肆门摊税两种,落地税是指商品进入市场后交的营业税,如在广东,史称:“落地税始于明季,闽省海船进港市粜而设。”[④]当时各地市集对农民、小贩肩挑手提上市售卖农副产品,不管

① 《大学衍义补》卷二五,《制国用·市籴之令》。
② 汤彝:《市舶考》。
③ 许孚远:《疏通海禁疏》。
④ 《乾隆揭阳县志》卷三,杂税。

价值大小，都征收落地税。虽然税额不多，但是终明一世，一直征收。如崇祯初年南京户部尚书郑三俊说：南京“宣课司所收落地税无几”①，可以佐证。“门摊”，清人黄思湖解释说：“凡城市临街铺面前隙地，有支栅摆摊，卖杂货生理者，晚即收归，早则铺设，有司以为贸易取利，宜输官钱，名之曰门摊税。”②这种字义上的解释，只讲了立栅摆摊的一种，若就其内涵来说，还包括临街经营商业的店铺。

明代征收这两项营业税的实践，体现了如下的交易税思想：

一、以营业税来通行钞法

仁宗即位，以钞不行询夏原吉，原吉回答说：“钞多则轻，少则重。民间钞不行，缘散多敛少，宜为法敛之。请市肆门摊诸税。”③他的这一建议被采纳，于是，对市肆各色门摊，度量轻重，征收市肆门摊钞。所课之钞，上缴官府，对那些昏软之钞，尽行销毁。应该说，这种营业税具有目的税的性质，其出发点是为了推行钞法，且统治者在施行的最初，确实是考虑到税额与钞值之间的对应关系，并且能根据钞值的变动来调整市肆门摊税的税率。如宣德四年为了疏通钞法，曾依洪武中增税事例，在两京及顺天、应天等三十三府州县增收门摊税，史称：“增北京、顺天府、南京、应天府并直隶苏州等府州县镇市诸色店肆门摊课钞。时行在户部以钞法不通，皆由客商积货不税，与市肆鬻卖者沮挠所致，奏请依洪武中增税事例，凡顺天、应天、苏、松……共三十三府州县，商贾所集之市镇店肆门摊税增旧十倍。上以太重，令增五倍，俟钞法通皆复旧。”④依洪武中增税事例，全国两京及三十三府州县门摊税增加五倍。如在应天府，史称：宣德五年，规定“凡鬻卖织造布帛房并停塌物货之家，每月纳门摊钞五百贯”⑤。据此可知应天府在未增五倍之前，鬻卖

---

① 《明会要》卷七五，《食货五·商税》。
② 清黄思湖编：《居官福惠全书》卷八，杂课部。
③ 《明史·食货志》(七)。
④ 《明宣宗实录》卷五零。
⑤ 《明宣宗实录》卷六零。

及织造布帛房并停塌物货的店肆，每月每家纳门摊钞是一百贯。在两京，宣德四年，“又令油房磨房每座逐月连纳[门摊]钞五百贯，堆卖木植烧造砖瓦逐月连纳门摊钞四百贯”①。可见，两京在未增加五倍以前，油房磨房每座每月纳门摊钞一百贯，堆卖木植烧造砖瓦的店肆每月纳钞八十贯。至正统初年，由于钞值回升，钞币在市面上通行，门摊税不仅复旧，且有所减轻。如在北京和通州，史称：“京城并通州店房税钞，先是以钞法不通，凡店房计间，月纳钞五百贯，后减至百贯五十文，至是民言钞通，逐减至四十贯。”②即每间店肆每月纳门摊税四十贯，比洪武中事例纳钞百贯，减轻了百分之六十。其他店肆，也按其经营性质，有所减轻。又如正统七年，将北京的门摊税改为按季征收，如缎子铺每季一百二十贯，即月纳四十贯，比原来月纳钞百贯，亦减轻了百分之六十。这充分反映出统治者还是将市肆门摊税的征收当做调节钞法流通的工具的，能够根据钞法流通的情况来调节税额的多少，并改变其征收方式。同时，这一方法也起到了一定的作用，使得钞值不断回升，达到了统治集团的初始目的。

但任何一种行之有效的经济调节方式，在封建政权统治下，最终都会脱离其正常的轨道，变成统治者搜刮民财的工具，市肆门摊税的征收亦不例外。如果说，对市肆门摊税的征收最初所体现的商品交易税思想还具有一些合理因素的话，那么，后期对它的肆意掠取已充分暴露了官府的贪婪和税收制度的弊病。既然征收市肆门摊税的目的在于通行钞法，钞法通行后，原定目的已经达到，便应立即废止。然而，钞法通行后并未废止，仍以国用不足为理由继续征收，直至明末。

二、定额制向包税制的转变

所谓定额，实际上是正额，又称原额，是根据某年纳入作为标准而定出的数额。定额制之所以受到重视，是因为它可以保证税收的稳定入库，可以

① 《古今图书集成》经济汇编食货典卷二二三，杂税部。
② 《明英宗实录》卷一五零。

防止吏胥作弊。但定额制的弊端也很多，如定额的根据表面上是以某年所收为准，各地定额不同，这不仅与当地商业的兴衰有关，而且即以商品税为例，其征收三十分之一的从价税，即定额实际上又是根据商品交易的价格决定的，但物价有涨落，自然各地征收不可能齐一，定额也就不同。特别是商品税作为征收三十分之一的从价税，随着生产力的提高，社会分工扩大，商业繁荣，商品日多，则例日繁，执为定额，无法实施下去。正如明人荆之琦说："然而缘物定例与时迁，用日加诎，则例日繁，而例外之例，复有比例焉，今日之比，后日之例，更以一时权宜，执为数岁常额，而商立槁矣。"①这是定额制本身的弊端之一。在定额制之下，由于时估则例常有变动，计算、手续繁琐，所以又改为包税制，如在淮安府，史称：嘉靖四十二年，"续据缎绢纸果等七铺户并各镇集头告称：零星贩卖，一一纳税，不便。有司亦以琐屑生弊，乃立每年包纳税银之法，免其随到随报，准按季赴司交纳，名曰季税。"②

事实上，定额制的本质类似于包税制，只是两者包税的对象不同而已，前者是包给地方官府，后者是包给商人。这一时期在征收营业税时，从定额制向包税制的变迁，应该说是一种历史的必然，一方面，统治阶级为了自身的利益，即获得稳定的市税收入，同时又极力避免税吏的中饱私囊，势必要采取定额等类似方式；另一方面，历史发展到明代，商品经济的繁荣程度和商人势力的壮大，已经不允许官府独擅商业利润，因此，既要获得财政收入，又要缓和阶级矛盾的封建政府，只好采取包税制这一征管方式。这也是继承了自宋以来官商共利的流转税指导思想。

第三节　消费税思想的嬗变(2)：开中制度

对于国家重要消费品，明代获取税利的方式比前代更为灵活。前已述及，自唐宋以来，关于消费税在思想界内盛行通商的观点主张，至北宋中期

① 《天下郡国利病书》原编第二十一册，浙江上。

② 《天下郡国利病书》原编第十一册，淮徐。

以后，则出现了另一变通的发展趋势，即兼顾传统的官府完全专卖和完全自由通商的优点，贯彻官商共利的政策思想。在具体形式上，宋代出现了引商制度，至明代则采取了开中制度。所以，这一时期的消费税思想在继承前代通商观点的基础上进一步地予以深化和发展。

一、开中制度思想

所谓开中法，是指开边报中，即由官府公布条例，召商输粮食等物品于边境地区，以盐作为报偿。实行开中法的目的，最初主要是为了增强边境的军事储备，充实军饷，之后扩展到为救济水旱饥谨，囤集粮草，这就是史书上所说的"以盐课给九边粮饷，而水旱凶荒亦时籍以赈民"[①]。在明代，每当边境军饷发生不足，或发生水旱灾害时，由户部出榜，召商输纳，或令商运粮于边境，或令商运粮于指定地点，户部编制勘合和底簿，一式二份，一份发给收粮机关，一份发给各转运提举司。商人纳粮后，由收粮机关将所纳粮数及应支盐数填给仓钞，商人持此仓钞赴各转运提举司。转运提举司比对相符后，按商人所纳粮数给引，派场支盐。商人得盐后自行运售。以粮食易盐引，利用商人运粮纳米，充实边储，这就是明代食盐开中法的主要内容。以后，除纳粮换盐而外，又令纳马、纳布或纳铁等物以换取盐引。而在茶法方面，也有以米易茶，以马易茶等各种方式。

这一制度充分地反映了封建统治者在财政事务中，常常运用手中的垄断消费品作为交易媒介，来换取国家所急需的物品或达到某种预期目的，并将增加消费税收入寓于其中。这也表明了明代统治者在运用商业经营原则来处理税收事务，其榨取方式不断增多，手段也更为巧妙。

应该说，明代对盐、茶等消费品实行的开中法，开始颇为完善。这主要反映在同开中制度密切相联系的商屯制度上。由于边防报中的需要，盐商不但手中必须随时准备大批粮食，而且必须把这些粮食直接输送到边防卫所，因此，为了避免采购粮食的麻烦和减少运输费用，盐商多在九边地区募

① 顾炎武:《天下郡国利病书》卷二八。

民垦田，从事粮食经营，这种制度叫做“商屯”。《国朝典汇》卷九六记载明代初年“富商大贾，自出财力，自招游民，自垦边地，自艺菽粟，自筑墩台，自立保聚，所以岁时屡丰，刍粟不亏”。商屯的盛行是同明初社会经济发展水平相适应的，它和军屯、漕运一样，是边防军需的三大主要来源之一，因而明人有关盐政著作中大都称颂它的种种好处。如《刘文节集·盐政考》中指出：“商人自募民耕种塞下，得粟以输边，有偿盐之利，无运盐之苦，便一；流亡之民因商招募得力而食其利，便二；兵卒就地受粟，无和籴之忧，无侵渔之弊，便三；不烦转输，如座得刍粮，以佐军兴，又国家所称为大便。”①

在开中——商屯制度下，商人资本的活动必须经过以下环节：商屯——经营土地，生产粮食；报中——输粮赴边，换取盐引；守支——凭引下场，官仓支盐；市易——市场售盐，获取货币。其规律可以图示为：粮—引—盐—货币—粮。在这一流程下，以盐易粮的交易活动只能通过封建国家的中介进行，商人资本的活动仍被严格地限制在盐的运销领域。开中商人作为封建国家的代销商，必须集报中、守支、市易三项业务于一身，往返奔波于报中地、产盐地和行销地三者之间，不利于利润的增殖。由此，开中制度以封建国家拥有盐利垄断权为前提，势必引起一切特权阶层要求利益均沾。从这一意义上说，势豪占中乃是开中制的必然产物，占中与反占中实质上是盐商与王公世家争夺盐利的不可调和的矛盾。占中的主要角色是各地藩王宗室，他们除了享有世袭采邑封地以外，还享有恩赐的支盐特权。起初其支盐量还有一定限制，后来大大超越祖制，官僚显贵，势豪奸绅，上下勾结，最终使开中制度在明代中叶以后日趋崩坏。

以上可以看出，明代开中制度的实行，一方面反映了统治者在获取消费税收入时注意运用商业经营原则，在获取税利的同时注意解决国家的边防储备等问题，这似乎反映出统治者已意识到征收消费税除了具有财政职能以外，如若对征收环节处理得当，还会发挥调节社会总供给的作用，无疑是一进步的发展趋势；另一方面，反映了封建官府利用商人资本为其效劳以获

① 《皇明经世文编》卷四三零。

取财政收入和解决社会问题的核心目的，这一目的最终随着商人资本力量的进一步增长和强权势豪对利益的侵占而落空，这也反映出封建社会后期官府垄断消费品利益欲望的加强和现实经济中商品经济发展、商人资本力量增强之间的深刻矛盾，最终将导致统治者获取全部垄断利润的手段越来越软弱无力，因为它背离了客观社会经济法则。

二、明代后期“通商”思想的深化

明代后期，边患严重，这与边方土地荒废，农业败坏，人民贫困，村镇荒凉，有重要关系。而开中制度的崩坏，又是边方经济衰退的重要原因，所以明代政府在边患日益严重的情况下，亟于筹谋各种措施，以挽救开中制度。于是，出现了各种政策主张，其中占主流的是以“通商”为核心的观点。

1. 有人提出“通商”的主张

如嘉靖初，国子监祭酒陆深上疏：“盐课一事，本因海泽自然之利，以充边方缓急之储，于国计甚便。然使朝廷壅实惠而不下，商贾畏空名而不来，在蠹亦甚矣。祖宗时，设立各处转运、提举等司，LIAN 灶以办税，置仓以收盐，建官以莅政，设法以开中，其要在于通商而已。大抵商益通，则利益厚，此立法之本意也。且穷边绝塞，输转极难之地，而能使商贾挟货负重以往，随令而足。比至于户部给引派场，涉历万里，动逾岁年。又况守支存积，徒冒虚名，仍复买补，鱼贯听掣，其辛苦如此。势要之人，妄干恩典，动以百万，往参其间，冯陵假借，支则尽支，掣则便掣，所经官司，曲为奉承，虽宪臣亦将有投鼠忌器之嫌，彼将何惮而不为乎！小人营利之心，宁有厌足。大率彼通一分，则此塞一分，自然之数也。夫能得商贾力，以利驱之耳，彼既以有利而来，亦必以无利而去，又自然之势也。矧以彼之辛苦，对此之儌幸，交易之间，又相悬绝。坐使自然之利，上不归于朝廷，中不在于商贾，下不藏于民间，虽天亦将厌之，臣实惧焉。”[①]在此，陆深辩证地指出“商益通则利益厚”。他一方面陈述了商人转输的辛苦艰难；一方面揭示了势要干请的儌幸活动。

① 陆深：《拟处置盐法事宜状》。

前者是完成国家边备的力量，后者是破坏朝廷政策的蠹虫，两者之间应该有所选择。商人“有利而来，无利而去”，此乃“自然之势”，因此必须予以扶植，抑制势要，为通商扫清道路。

2. 有人提出“恤商”的措施

庞尚鹏建议将他所采取的“恤商”措施贯穿到各边去：“独念利之所在，人必趋之。惟裁抑已甚，则严父不能强其子，岂势力之所能驱遣乎！今议于商人报纳粮草。曲加存恤。减斤重，宽斗头，计时估若干，仍量洞数目若干，以补其各色私费。至于课罚劝借，通行禁革；仓钞勘合，给不逾时。凡能宽一分，使商人受一分之赐，莫不极力为之。其间别有曲处事宜，关系内地盐法，有非边臣所能径行者，乞行各边巡抚及管粮郎中等官，随事拟议，务要委曲周全，勉为商人计，各不时题请，行臣与巡盐御史，加意筹划，内外相通，互为变通。必使盐法大行，商人辏集，始为千百年永利。”①他认为，对于商人应该“曲加存恤”。恤商是盐法大行，商人辏集的根本措施，他指出“利之所在，人必趋之”，而不能靠“势力驱遣”。

3. 有人提出“惠商”的要求

例如，万历间，湖广巡抚郭惟贤上疏称：“理盐固所以足国，而足国莫先于惠商。所谓惠商者，岂必蠲其常课，而可取之利尽置之于不取哉！兴一利莫若除一害，而省一分则商受一分之赐。惟去其所以害商者，而其所以利商者自在也。”②照郭惟贤的解释，革除“害商”之弊，便是“惠商”之举，于是他提出，凡是揽棍之诈骗，秤役之需索，关津之常例，吏胥之耗余，凡此病商积弊，都必须一一扫除，“如此则宿垢尽剔，而实惠暨沾；富商辐辏，而赴掣恐后，其于盐政，未必无一之稗矣。”③只有扫除盐政积弊，才能充分调动商人的积极性，为国计民生作出贡献。

这些通商、恤商、惠商主张，反映了利用商人趋利避害的行为来处理封

① 庞尚鹏：《庞中丞奏疏》。

② 郭惟贤：《甲明职掌疏》。

③ 郭惟贤：《甲明职掌疏》。

建国家盐税的核心思想，这说明了私商自由经营思想的不断增长，已逐渐形成反对国家专卖的主要力量。这些言论，确实在为保障商人的经济利益，肯定商人的社会作用，提高商人的社会地位，而寻求理论基础和政策根据，并极力主张将其贯穿到国家的消费税改革中去，这的确是一大势所趋。如果说，唐宋时期出现的思想家注重于从批判、指责传统专卖制度入手对通商观点进行迂回论证，那么这一时期的思想家则从正面来进行阐述，并从恤商、惠商等多个角度，这无疑是明代商品经济有了更大发展的客观反映。当然，我们也应该看到，这些通商思想最终仍是为了充实封建国家的财政。

第四节　流转税制思想：减轻流转税负担思想

明代对有关流转税探讨较多的是流转税负担问题，这在前面也有所述及。本时期的思想家结合现实中流转税的征收实践，从不同的角度出发，更为细致、深入地阐述流转税税负问题。

一、从重复课税角度论述流转税负担思想

明初的解缙曾对“既税于所产之地，又税于所过之津”[①]的重复征课，深表不满。而思想家邱浚则进一步予以阐述。邱浚举春秋时赵简之使尹铎为晋阳令，铎询以为茧丝抑为保障的史例，并加以阐释说：“茧丝指赋税而言，保障指藩篱而言，尹铎之意不在赋税在于藩篱，简子知其意而从之，铎守晋阳损其户数，其后简子之子果赖其庇。……彼其因民为茧丝者则异乎是，尽民之力而役之。罄民之赀而取之，既征其田亩，又征其畜产，与夫山泽之所出，饮食之所需，无一不有税焉。譬则工女之缫丝，缕缕而细绎之，非见蛹不止也。”[②]意指征税的目的应在保障供给，利国利民，如果像抽剥茧丝的做法，取民唯恐不尽，非到丝尽见蛹为止，则民穷国也竭了。并就明朝当时的征课

① 解缙：《解文毅公集》卷一，《太平十策。》

② 《大学衍义补》卷二一，《制国用·总论理财之道下》。

情况指出："谷麦既已纳税，用谷为酒又税之，选麦为曲以酿酒又税之，用米与糟以为醋又税之，……此一物而三四出税也。"[①]意指五谷食粮已征田赋，如制醋酿酒则不应该再征酒税、醋税与关市之税，这一论说显然是以保护农业自然经济为主论出发点，事实上，产物经过加工改造后已经成为流通领域内的产品，已非属同一物了，它与商品经济发展后按照课税主体不同为依据的论点是相侔的，此外，对于竹木、牲畜之类则认为："原无征算，通过商贾货卖于市，官可税之。"[②]但也只能一物一税，不能重复课征，否则"岂非重哉"！这种反对重复征课的意见，比起解缙的说法更为明确和突出。但我们知道，重复课税的弊病在于对商品的重复课征，不利于税收负担公平，如果改按增值额课税，虽然对同一商品课征多次，也不会导致重复征课，即重复课征在于全额课征，而不在于道道课征。所以邱浚反对对物课征多次并非完全正确，但是他已认识到重复课税的弊病，也是难能可贵的。

二、 从厚商利农兼顾的角度论述流转税负担思想

这一思想主要体现在张居正的赋税改革之中。张居正联系当时明代商品流通的现实情况，对流转税的征课也给予了重视。为了使"物力不屈，民力不困"，他在《赠水部周汉甫榷竣还朝序》中表述了他的厚商利农必须兼济的思想，他说："古之为国者，使商通有无，农力本穑，商不得有无以利农，则农病；农不得力本穑，以资商，则商病。故商农之势，常若权衡，然至于病，乃无以济也。"指出了农商互利互补的关系，而不能有所偏忽，并称："余以欲物力不屈，则莫若省征发以厚农而资商；欲民用不困，则莫若轻关市以厚商而利农。"要使社会"物力不屈"，也就是商品物资能满足人民的需要，商业的作用是不可忽视的，税重则商人不愿贩运，以免赔本，这样既不利于农，也有困于商，对整个社会经济是一种阻碍，要"均税足民"，不只是对农业而言，而应该扩展至整个社会经济。

---

① 《大学衍义补》卷三零，《制国用·征榷之课》。

② 《大学衍义补》卷三零，《制国用·征榷之课》。

为此，在他任内便从“轻关市之征”出发，对各地私自擅征的苛杂商税，累次诏令予以减免。可见，他的流转税思想并非单纯地就税论税以增加国家的财政收入，而是从农业和商业的共同利益出发，从有利于发展社会经济出发，在减轻关税、市税等流转税负担、积极扶植税源基础上实现保证国家赋税的足用，以期体现“均粮足民”和“富国强兵”的目标。

此外，这一时期还出现了一些从其他角度论述流转税负担的思想言论。如萧彦曾指出：“商困则物腾贵而民困矣，独奈何不一苏之为商民计也。”[①]这显然已意识到直接影响商人的繁琐法令和沉重的税收负担会间接地使一般消费者遭受困难。王纪则指出：“税繁则商困，商困则来者稀。必欲取盈其额，纵严刑督责，只驱之掉臂而去耳。”[②]这从另一角度分析了流转税过重势必会产生的弊端，所以减轻流转税负担是非常必要的。当时的许多士大夫也要求减轻流转税负担，以宽商民。如徐恪认为商人备受艰辛不过是“求锱铢之利”，提出“商亦吾民”的见解，主张“严禁约以惠商民”[③]。王守仁也说：“商人比诸农夫，固为逐末，然其终岁弃离家世，辛苦道途，以营什一之利，良亦可悯。”故发出“商独非吾民乎”的慨叹，要求流转税遵照“事例抽收，不许多取毫厘”[④]。梅国桢为商人辩护，要求减轻流转税负担的言辞更加痛切，他指出：“今一货一人，税而又税，朘膏咋髓，一羊十皮。熙而来者，无所牟其利，抑且有其害……夫商人者非他，即皇上中原供赋税徭役之赤子也。”[⑤]这种以商人为“吾民”、“赤子”而要求减轻商人的税收负担的观点，与传统的主张征收流转税以抑商的思想，已有了很大不同，这也是自唐宋以来的流转税思想演变趋势。到了万历中，应天巡抚赵可怀提出“便商而又便国便民”[⑥]的观点，将减轻流转税负担以“便商”提高到与“便国便民”同等重要的地位。

---

① 《续通考》卷五二，《市籴》一。
② 王纪：《畿南奏议》。
③ 徐恪：《修政弭灾疏》。
④ 王守仁：《王文成公全集》卷一六，《别录》八，《禁约榷商官吏》。
⑤ 梅国桢：《请罢榷税疏》。
⑥ 《古今图书集成·食货典》卷二二四。

总之，这一时期有关论述减轻流转税负担的思想主张，较之前代，论证的角度更为广泛，内容也更加深刻，且密切联系流转税征收的实践。这充分反映了明代以来商品经济的发展和商人势力的壮大，使得为商人承受太多流转税负担而鸣不平的言论日渐增多，连有些保守派士大夫也起来为商贾呼吁。这一思想趋势至清代更是得到了进一步的深化和发展。

第五节　评　析

明代的商品经济在唐宋基础上继续向前发展。无论是商品流通，还是市场规模，抑或商人资本的实力及水平，都迈上了一个新的历史阶段。作为社会再生产过程中的一个必要环节，商品经济在社会经济结构中所占的分额更大，对社会各方面的影响更为深刻。在部分地区，商品经济开始主导着社会经济的发展，瓦解了原有的封建经济结构，引发了资本主义生产关系的产生和发展，使中国社会透露出向近代迈进的新时代曙光。这一重大演变在本时期的商品流转税思想中得到了鲜明的体现。

一、继续开辟新的封建流转税税源思想

这尤其体现于关税和市税思想之中。宋明以来商品经济的日益繁荣和发展，对封建政权的各项社会制度带来很大冲击，其中包括赋税制度。为了应付庞大的官府开支，封建统治者进一步展开了其财政搜刮之能事。首先，他们将传统的流转税税种加以完善，如本时期开征的钞关税、工关税、过坝税等关税税目，市肆门摊税等商品交易税，都是在传统流转税基础上开征的，尽管有的是打着通行钞法的幌子，可钞法流通改善以后，统治者并没有废止这些税种，而是逐渐将其变为常规税。这体现了他们财政掠取的根本出发点。其次，本时期也涌现了许多有关对开征外部关税的思想和言论，大多是从增加国家财政收入的角度来进行阐述和论证的。这一思想的出现，一方面是继承了宋代以来逐渐注重外部关税税源的思想倾向；另一方面，也是明代对外贸易进一步发展的客观体现，在有关思想家高度重视商业的同

时，对外贸易作为一种特殊的商业活动，其地位和作用也受到了高度关注。而在本时期，将这方面的认识反馈至外部关税思想上，又经历了一个深化的过程。明代以邱浚为代表的思想家认为，中国足以自足，自身的消费是不必依靠对外贸易的，但是，对与中国进行贸易的国家来说，是否能顺利地开展贸易却至关重要，“外夷所用则不可无中国物也”。由于国外对中国商品需求的客观存在，开展海外贸易，对外输出商品，满足国外对中国商品的需求，理所当然地成为有利可图的事，因此，对外贸易是不可能禁止的。而开放对外贸易，对于增加国家税收也是有益的，开禁征税，“不扰中国之民而得外邦之助，是亦足国之一端也，其视前代算间架、经总制钱之类，岂不犹贤乎哉。”[①]明代徐光启等人的看法与此基本相同。至明清之际，以王夫之为代表，对此的看法则又向前推进了一步。王夫之同样认为海外贸易是不可能禁止的，“禁之于关渡之间，则其售之也愈利，皇皇求利之民，四处而趋荒险之径以私相贸易，虽日杀人而固不可止”。但王夫之与邱浚、徐光启等人不同，他曾经突破了“天朝无所不有”，把外贸视为单纯的恩赐的传统教条，看到了海外贸易在补充中国国内所需、增加政府财政收入等方面的作用，他指出：“夫唯市以无所隐，而视敌国之民犹吾民也，敌国之财犹吾财也，既得其欢心，抑济吾之匮乏，金钱内聚，民给而赋税充，耕者劝耕，织者劝织，山海薮泽之产，皆金粟也。本固邦宁，洞然以虚实示人，而奸宄之径亦塞。利于国，惠于民，择术之智，仁亦存焉。善谋国者何惮而不为也。”[②]这样，王夫之提出了开放海禁以“济吾之匮乏”的主张，并把海外贸易的地位和作用提高到了利国惠民以至本固邦宁的高度。

总之，这一时期极力开辟封建流转税税源的思想，一方面是商品经济、对外贸易发展的客观反映；另一方面也深刻地说明了进入封建社会后期，封建政权试图通过大量的财政掠夺来维护其腐朽统治，所以极力地开辟新的封建流转税税源。这一思想趋势至清朝仍继续发展。

① 《大学衍义补》卷二五，《市舶之法》。

② 《读通鉴论》，中华书局 1975 年版。

二、“官商分利”思想在开中制度下得到了深化

明代随着商品经济的发展和资本主义萌芽的产生，商业在经济生活中的作用空前加强，而商人的力量也日益壮大。同时，由于市场关系的发展，商业对人民生活的影响更为突出；由于商业性农业的发展，商业对农业生产的支配作用更加明显；由于商品流通扩大引起关市税的增加，国家财政对商业的依赖性更强。在这一背景下，明代政府为了利用商业，同时获得国家重要消费品的税利，实行开中制度，鼓励开中，在利用商人贩运粮草、巩固边防的同时，给予开中商人以部分垄断利润，通过“官商分利”来维护封建官府的财政收入。

这一制度思想是唐宋以来“通商”消费税思想的演变和深化。前已述及，唐宋时期所主张的自由通商观点，在封建政权下是不可能完全实现的。这一点早在宋代的历史实践中就得到了证明，所以，北宋中期以后，便出现了兼顾传统专卖和自由通商优点的引商制度思想，至元代，对于小额商品实行通商制度，对于大宗消费品仍实行专卖，也是这一思想的变通。而至明代，商业的发展更加进一步地证明，对于封建政权要想全部地控制、垄断消费品的利益已是梦想，要想获得税利，必须让渡一部分给商人，这已是时代的客观要求。明代之所以实行开中制度，显然是意识到了这一经济规律。并且，明代统治者能灵活地运用商业经营原则，在获取消费税税利的同时，还利用其解决一些社会问题，比如边地的粮食问题，边关士兵的军饷问题。这已不单单是注重消费税的财政职能了，似乎还考虑到它对社会经济的调节职能，在封建制度下，这无疑是迈出了具有决定意义的一步。

但同时，开中的消费税思想本身具有一不可克服的矛盾：这一制度的出发点在于以封建国家拥有盐利垄断特权为前提，通过官商分利，实现国家获取消费税收入和借此解决某些社会问题的目标。在这里，开中商人显然是作为封建国家的代销商，而具体的开中过程，是不利于商人利润的增值的，随着商人资本力量的进一步增长，摆脱开中过程中的封建束缚就会成为历史发展的必然趋势了，这势必会违背开中的初衷，这是矛盾的一个方面；另

一方面，开中制度以封建国家拥有盐利垄断特权为前提，势必引起一切特权阶层要求利益均沾，从而导致了盐商与王公势家争夺盐利的不可调和的矛盾，终将违背“官商分利”的原则。在此情况下，明代中叶以后开中制度日趋崩坏也是必然之势了。它深刻地揭示了封建社会后期商品经济因素在消费税制度中的渗入与整个封建政权经济基础之间的矛盾和冲突。

三、要求减轻流转税负担的呼声日益增多

反对官府重征流转税是本时期诸多思想家关注的焦点之一。他们与有关思想家一道，对官府通过征收重税以抑制商业、利用商业的政策进行了批评，对官府利用封建特权大肆盘剥商人进行了抨击，呼吁减轻流转税负担，革除苛杂，从不同角度反映了商人的愿望和要求。如邱濬从重复课税的角度反对对酒消费品进行重复课征，以减轻纳税人的负担；而张居正则从正面出发，从厚农利商兼顾的角度，认为不应对商人进行重征。同时对于官府的额外盘剥，思想家们也进行了有力的指斥，如倪岳认为通商为富国之术，“苟使官司肆为侵克，遂至道路渐成愁怨，伤和致殄，岂王政之所宜哉。”[①]肖彦也针对明末流转税不断加重的情况指出，流转税的不断加重导致了“商困”，“商困则物价腾贵，而民困矣”，提出了“独奈何不一苏之为商民计也”[②]的质问。

这些思想主张的提出，与本时期以财政获取为核心的关市税制度思想，与既给予商人一部分垄断利润又加以封建束缚的开中制度思想是一致的。它们都反映了封建社会后期特权阶级的穷奢极欲，从而对商业利润的贪婪榨取，同时从另一个角度也反映了传统重农抑商政策和思想在明代的进一步演变。可以看出，本时期流转税思想继续沿着唐宋以来的演变趋势发展和深化，连一些封建特权阶级的代表也已经自觉或不自觉地放弃了自然经济卫道士的立场，立足于商品经济高度发展的历史实际，从生产和流通的意义上来看待流转税思想，尽管这不是普遍的现象，但它毕竟预示了一线新曙光的出现。

---

① 《明经世文编》卷七八，《青谿漫稿二》。

② 《明经世文编》卷四零七，《肖司农奏疏》。

第八章　清朝时期流转税思想

清代(公元1644～1911年),是我国历史上最后一个封建王朝。在中国历史上,因为社会性质的变化,习惯上把清代分为清前期、清后期两个时期,这其中的分界点便是1840年的鸦片战争。

鸦片战争以前,清代历经顺治、康熙、雍正、乾隆、嘉庆、道光等六代,从平定变乱,创制规模,完成统一,到发展农业,变革赋税,度过了二百年的由乱到治和又由治到衰的过程,国内社会经济经历严重破坏之后,得以逐步复苏和发展,商品经济也再次得到繁荣;鸦片战争爆发以后,腐朽的清政府同英、法等资本主义侵略国家签订了一系列丧权辱国的不平等条约,这些不平等的条约破坏了中国的独立和领土的完整,使中国一步步地沦为半殖民地半封建社会。

资本主义的侵略是要变中国为殖民地,但资本主义生产方式,资产阶级思想也随之传入了中国,商品货币经济在中国日益引起人们的关注,并且在中国社会经济生活中起着重要作用。随着资本主义的入侵,资本主义先进科学技术日益为进步的中国人所瞩目,他们敏锐地感觉到西方先进科学技术是西方国家强大的原因,并且开始向西方寻找摆脱中国困境的出路。在他们的影响下,一些地主阶级的改良者,资产阶级的革命者都提出了学习西方的主张和改革的纲领。与此同时,西方的资本主义赋税观也逐渐伴随着学习西方的热潮为中国思想家所了解、学习,并介绍给中国。

在此情况下,中国古代的流转税思想在本时期出现了重大的变化,其演变发展的脉络也渐已清晰。

第一节　财政关税思想向保护关税思想的演变

清代的关税，仍然是内地关税和海关税并存。而本时期的关税思想先是在前代财政关税思想基础上进一步深化，这主要体现在清代前期；而后由于帝国主义的入侵和西方税收思想的渗透，开始向保护关税思想进行演变。这一演变标志着关税思想发展到一个新的阶段。

一、财政关税思想的深化

本时期财政关税思想的进一步深化主要表现在两个方面：

1. 内部关税方面

清代自乾隆年间起，内地关数日增，不仅在水路、海路要津，并且在陆路要津，也均设置，统称为关，征课的关税包括通过税和船税。清初内地关税有三种：正税在产地征收，商税按价征收，船料税则按照船的梁头大小征税。这三种内地关税是包括货物税、通过税与船税的征课，有广义关税的意义。此外尚有落地税，落地税系商人购置别地货物到当地发卖时征收的税，收入之款多由地方官吏留作地方公费，不列入国税正额，当时名为地方费用，实被官吏侵蚀殆尽。落地税无专则，附于关税则例，地方官随时征收，无定地、定额，为一种弊政。且清代前期关税杂收名目繁多，例如“饭食”、“陋规索银”、“客费”等不可胜举。

清初徐旭龄鉴于当时关钞不断增加、关税和苛杂日益繁重，认为“今商贾以关钞为第一大害……商贾望见关津，若赴汤蹈火之苦也”，主张减少关卡，裁减官员，减轻关税，“省一官即省千万商贾之膏血”[①]，尽管他是在为商人的利益发出呼吁，但从中我们还是看到清代前期对于内地关税的财政掠取。许承宣也曾针对清代在十三关之外不断增设关卡，加重关税，而地方官吏借机敲诈盘剥的情况指出，“今日之商贾，不苦于关，而苦于关外之关，不

① 徐旭龄：《省官役以清关弊疏》，《皇朝经世文编》卷五一，《户政·榷酤》。

苦于税，而苦于税外之税”，新设关征税，“无非留难科索，重重剥征，是咫尺不百里之间而再税也”，但是，“商贾之力几何，而堪此峻削耶”[①]。王源同样反对对商人实行重税，他认为当时榷关对商人征收的商税，“税日增而无所底，百数十倍于旧而犹不足，官吏如虎狼，搜及丝忽之物而无所遗，商旅之困惫已极，其为暴不几杀人越货哉。”[②]

以上思想家对于清代内地关税征收的观点、言论，从另一个角度反映出，清政府的内地关税政策仍在承继前代的财政掠取思想，且所设税目更加繁多，所用的征收手段更加苛暴，对商品经济产生的不良影响也愈加严重，从这个意义上说，清代前期进一步地深化了财政关税思想。

而厘金制度在本时期的开创，则更加鲜明地体现了封建官府在关税方面的政策导向。咸丰四年(1854 年)三月，雷以諴请推广厘捐助饷，他说：“上年夏间奏请于里下河设局劝捐……特为时已久，精力已竭，诚恐未能源源接济。臣昼夜思维，求其无损于民，有益于饷，并可经久而便民者，则莫如商贾捐厘一法……于附近扬州城之仙女庙，邵伯，宜陵，张网沟各镇，略仿前总督林则徐一文愿之法，劝谕米行，捐厘助饷，每米一石捐钱五十文，计一升仅捐半文。於民生毫无关碍，而聚之则多。计自去年九月至今，祗此数镇，米行几捐至二万贯……”[③]这段话集中反映了统治者在设计厘金税时的根本出发点便是为了满足国家的财政需要。而当时开征的活厘或者行厘，便是通过税，为整个厘金收入的大宗。

综上，清代前期有关内地关税制度所体现的主要思想是以获取财政收入为目的，从而是前代财政关税思想的继续深化。应该说，将关税作为财政掠取的手段并不是财政关税思想的唯一特征，更多的时候我们不能把吏治造成的弊端等同于封建官府的政策，从本质上说，封建政府是不可能完全消除腐败现象的。排除这一因素，本时期有关财政关税思想的深化还表现在，

① 《皇清名臣奏议汇编》初集卷二一，《请禁额外苛征疏》。

② 王源：《平书订》。

③ 转引自罗玉东：《中国厘金史》(上册)，商务印书馆 1936 年版。

封建官府已开始意识到市场价格与关税税额之间的消长关系，并能作出相应的调整。例如在淮安关，“磁器，每担旧定税银八分，节年减以八折征收”，“苏木，胡椒，每担旧定各征银二钱七分，节年祗各征银二钱”。此外，皂矾、红花、锡箔等商品也减低了税额。乾隆年间修订税则时，将这些商品“照减定实征银数”刊入新则例。[①] 那么，税额增减变化的原因是什么呢？雍正七年崇文门监督佛伦奏请对该关部分商品税额进行调整，折称，“货物出产贵贱不同，商贾纳课有物价贵而征税轻者，有物价贱而征税重者，有以相等之物价而征税轻重不一者”，建议酌量增减，使税额趋于合理。[②] 他的建议获得批准，遂将调整的部分商品税额刊入新税则。乾隆年间，崇文门税关对部分商品税额再度进行了调整，例如，烧酒一斤价银三四分，烟叶一斤价银四五分，两者价格相差无几，而征税则相距甚远。“烧酒向例按篓征收，每篓约重六百斤，征银一钱二分，计每百斤止纳银二分；烟叶则每百斤纳银四钱五分，是酒税轻而烟税几及二十倍”，故改为烧酒每百斤征银一钱二分，烟叶每百斤征银四钱二分。又如，绸绫包头有南产北产之分，“北产者质薄价微，南产者丝纯价贵，市价南产贵于北产不下五六倍”，而二者税额却完全相同，每连均征银四厘八毫。新税则将绸绫包头南产者每连增为税银一分二厘，而北产者仍旧旧额征收。[③]

以上可见，清代对部分商品税额的调整，是与市场价格相联系的，即对价昂税轻的商品过关时予以加税，对价微税重的商品过关时予以减税，或区分不同等级拉开档次分别课征。这种调整与其说是以增加税收为目的，毋宁说是是市场价格为依据，力图使税收更趋合理化的一种努力。这其实更加接近于财政关税思想的本质。

2. 外部关税方面

早在康熙初年，便有人将开放海禁与海外通商视为一大利源，其中以慕

---

① 乾隆《户部则例》卷七一，税则，淮安关。

② 抄档，乾隆 2 年 4 月 27 日户部尚书张廷玉题本。

③ 《崇文门商税则例·现行比例·增减新例》。

天颜的议论为代表。他认为当时发展农业生产已是“点金无术”，而谋求开矿又是事繁工费，“所取有限，所伤必多，其事未可骤议”[①]。在他看来，要改变这种财政经济的困窘局面，唯一的办法是破目前之成例，以“开海禁”作为“穷变通久之道”。他说：“惟番舶之往来，以吾岁出之货，而易其岁入之财。岁有所出，则于我毫无所损，而殖产交易，愈足以鼓艺业之勤；岁有所入，则在我日见其赢，而货贿会通，立可以祛贫寡之患。银两既已充溢，课饷赖为转输，数年之间，富强可以坐致。”显然，慕天颜在此处提倡开海禁主要是为了解决财政不足问题，所以特别强调海关税的征课制度，他要求“出海之途，各省有一定之口；税赋之入，各口有一定之规”。为此，他又提出了一套由官府严格管制海外贸易活动的具体设想，如划一其口岸之处，籍算其人船之数，严稽其违禁之货，察惩其犯令之奸，依靠文武官员加强监督巡防，责之以当地驻军，弹压之以道官，总理之以郡佐，一切给票、稽查、抽分、报纳诸例，俟议定之后，逐一妥酌举行。他对于开海禁可以增加财政收入寄予很大厚望，认为其他办法均系“微利轻财，未足以补救今日”，并断言“必当致财之源，生财之大，舍此开禁一法，更无良图”。像这样公开宣扬以开放海禁作为致财、生财之唯一良法的观点，在元、明以来渐趋发展的要求发展对外贸易的思想中，可谓独树一帜。

继慕天颜之后，思想家蓝鼎元也肯定了对外贸易的发展可以使各处钞关“多征税课，以足民者裕国”，以海关税收增加国家财政收入。他述及到：“以海外之有余，补内地之不足，……内地贱菲无足轻重之物，载至番境，皆同珍贝。是以沿海居民操小巧技艺以及女工针黹，皆于洋船行销。岁收诸岛银钱货物百十万入我中土，所关为不细矣。”[②]只不过，蓝鼎元不像慕天颜那样主要从足国用的财政目的考虑开放海禁问题，而是希望在发展对外贸易以使沿海商民丰足的基础上来实现国家财政的充裕。

---

① 以下关于慕天颜观点的引文，均见其著《请开海禁疏》，引自《皇朝经世文编》卷二六，《理财上》。

② 《鹿洲全集·鹿洲初集》卷三，《论南洋事宜书》。

总之，无论是慕天颜还是蓝鼎元的论说，都反映了清初随着商品经济的活跃发展，封建社会中长期以来自给自足的农业自然经济的偏重于单一田赋征收的赋税观念已逐渐被冲破。

二、 清代后期保护关税思想的盛行

清代前期，当西方国家在向海外拓展的同时实行重商主义的保护关税政策的时候，清政府却恰恰背道而驰。“这和现代的思想恰好相反：当时所制订的关税政策是鼓励进口而阻挫出口，因为对前者的税率是百分之四，对后者的税率是百分之十六。”“在这一朝，外国商人为购买中国货物而输入的现钱，税官也规定百分之十的征课，这是对出口贸易的又一种阻挫。”①

鸦片战争以后，腐朽的清政府和外国侵略者签订了一系列不平等条约，实行门户开放政策，此时的关税地位日益重要，并成为列强垂涎的利薮，掠夺中国海关成为列强控制清政府财政的重要手段，因此争取关税自主和修改关税条约便成为资产阶级改良主义者为争取资本主义在中国发展的重要主张。这样，在清朝末年，出现了诸多保护关税的观点。

1. 郑观应的保护关税思想

第一次鸦片战争后，中国就失去了关税税则自订权。在“协定关税”的幌子下，外国侵略者强迫清政府压低关税税率，各种货物，都按值百抽五的税率征收关税。第二次鸦片战争时，又规定外国一切进口商品，除在海关缴纳关税及按时价抽百分之二点五的子口税外，免征其他一切内地税。这就为洋货涌入中国市场开了方便之门。这种所谓“协定关税”，使得中国资本主义工商业无法得到它发展中所必需的关税保护。

郑观应坚决要求改变这种情况。他指出，西方资本主义国家的关税，都是“于别国进口之税，税恒从重；于本国出口之货，税恒从轻”②，而中国恰好

---

① [英]莱特：《中国关税沿革史》，第2.3页，生活·读书·新知三联书店1958年8月版。

② 郑观应：《盛世危言·税则》。

相反,出口货税重,进口货税轻:"查出口茶,虽至粗者,每百斤价值十两,亦须纳正半税关秤银三两七钱五分,连所抽厘捐,是值十抽五矣。进口货至贵者,例不过每百抽五,有失利权,大损国体。"①以洋纱、洋布为例,由于关税极轻,所以"进口日重,获利日丰","华人贪其价廉质美,相率购用,而南省纱布之利,半为所夺"②,沉重打击了国内的纺织业。因此,中国必须同外国"重订税则,厘正捐章,务将进口之税大增,出口之税大减"③,"减内地出口货税以畅其源,加外来入口货税以遏其流。"④只有这样,"中国商务才可能振兴,漏卮可以渐塞,膏血可以收回"⑤。

郑观应还要求收回海关税务管理权。第二次鸦片战争以后,中国海关即落入外国侵略者控制之手。中国沿海各商埠和长江沿线各口岸都实行外国人"帮办税务"的制度,英人赫德自1863年起担任总税务司,掌管中国海关大权达四十五年之久。郑观应说:"当日海禁之开,华人不谙商务,一切船只之进出,货物之稽征,皆委洋人经理。京都特设总税务司,各口海关则设正副税务司,帮同监督,经理榷政。税务司下又有帮办,自头等以至四等,每等皆分正副,此外更有扦手,皆以西人承充,惟通事及办理汉文之书启,征收税项之书吏,始用华人。"⑥郑观应对这种情况十分愤慨,他说:"夫中外通商数十余载,华人亦多精通税则,熟悉约章。与其假手他人,袒护彼族,何若易用华人之为愈乎?……应请明定章程,择三品以上官员,曾任关道、熟悉情形者,为总税务司,其各口税务帮办等,皆渐易华人,照章办理,庶千万巨款,权自我操,不致阴袒西人,阻挠税则,不特税政大有裨益,而于中华政体所保全者为尤大也。"⑦要想采取保护关税的办法来发展国内工商业,就必须收回海

---

① 郑观应:《盛世危言·税则》。
② 郑观应:《盛世危言·纺织》。
③ 郑观应:《盛世危言·商务三》。
④ 郑观应:《盛世危言·商战上》。
⑤ 郑观应:《盛世危言·商务三》。
⑥ 郑观应:《盛世危言·税则》。
⑦ 郑观应:《盛世危言·税则》。

关税务管理权，郑观应在此显然已意识到这一重要前提。

2. 马建忠的保护关税思想

马建忠作为学习和接受西方经济思想的代表人物，特别提倡西方的重商主义观点。在他的理论中提出富国之道有二要，一为通商，二为开矿。通商即发展对外贸易，为此他提出了发展对外贸易的保护关税思想。

对如何保护关税，马建忠提出如下一些观点：

第一，轻征出口税的观点。马建忠首先提出欲使中国富，莫若使出口货多，进口货少。欲使出口货多，而又令其畅销，其法有三。其一，使出口货精其物产，讲其本源，即让出口货的质量提高，优于外国货。马建忠以传统出口货茶丝为例，提出改进茶的种植和制造技术，提高蚕的养殖技术以战胜日本、印度的产品。其二，增强实力，讲求商本，即增加资本，有雄厚实力，敢与外国商人相抗衡。其三，减轻出口税。这里马建忠指出税与价的辩证关系。他说："税轻厘减则价贱，价贱则出口货增，出口货增则税厘更旺。"[①]同时还指出征税应以长远的观点看问题，不应只顾眼前之利而放弃长远利益。他说："日计不足，月计有余。初若少收而见绌，终必多报而见盈。"[②]税收多寡与出售商品多少关系甚大，如只贪一时之利而重征出口税，阻碍货物的销售，税收反而因此减少。在出口税方面，原则上是轻税，但他又提出，"惟国内独有之土产，不畏他人争利者，则不妨重于出口重征之"[③]。

第二，重征进口税观点。重税使进口货少，则未散之财不复散。原则上应做到四个方面"其一，煤铁之类，为中国所自有，惜乎无人采取，又兼转运之难，每不敌外来之贼，应于外来者仍旧值百抽五，以广招徕……而铅铜则倍之。其二，外来制成之货中国亦出者，如洋布之类，应加重征，至值百抽十五之数。其三，制成之货中国不产者，如钟表玻璃器洋伞之类，此必有力者

① 马建忠:《适可斋记言》卷一,《富民说》。

② 马建忠:《适可斋记言》卷一,《富民说》。

③ 马建忠:《适可斋记言》卷一,《复李伯相札议中外官交涉仪式洋货入内地免厘禀》。

方可置办，应加征至值百抽二十五，而一切奇技淫巧之物亦例焉。即洋酒、吕宋烟、糖菜之类向在豁免，今则一切加征至值百抽三十，较之外洋税则犹为不重。其四，远来之货本国所无者，鸦片烟为首，以其为害人之毒物，自宜苛政以困之……其余杂货，皆无过值百抽十五之下者。”①

使进口税增多，宗旨在于仿造洋货以敌其销路，不让外国人将中国财富侵夺，为此必须发展机器织布。利用中国的棉花资源，办机织布，如每年能使所织之布敌洋布的十分之一，逐年增加，十年则可奏效，全数自行生产，洋布自绝其路。“要使中国多出一分之货，外洋则少获一分之利，而中国工商转多得一分之生计。凡此皆所谓仿造外洋之货以聚我未散之财者也。”②使昔日华商之银透漏外洋者，变为洋商之银溢输中国。这种变逆差为顺差的外贸思想，马建忠可谓论之最为详尽的人。

第三，关税自主思想。马建忠反对关税协定。“盖通商足见邦交之谊，加税乃我国固有之权。”③过去的税则有利洋商不利华商，为外人耻笑。这种局面亟待改变，应修改税则。他认为，修订税则要“守之以定，持之以坚，上下一心，不为外人所摇夺”，④如此修改税则，加税之议就能实现。马建忠还认为税捐的设立，主权在我，不必听命于外人。他主张修改税则，力求关税自主，平等贸易，但没有明确提出取消关税协定的不平等条约，这不能不使马建忠的关税自主思想深度受到削弱。

由上可以看出，马建忠在关税问题上的主张较之郑观应更为全面和系统，而其后的薛福成、严复、陈炽、梁启超等人都在此基础上对保护关税问题进行阐述，但都未超越马建忠的思想主张。

综上，关税思想在清朝完成了由财政关税思想向保护关税思想的漫长演变。这一演变线索的背后是中国封建社会商品流通日益发达、对外贸易日益扩展的客观经济史实，同时亦是自给自足的封建自然经济日益衰退，终

① 《适可斋记言》卷一，《富民说》。
② 《适可斋记言》卷一，《富民说》。
③ 《适可斋记言》卷一，《富民说》。
④ 《适可斋记言》卷一，《富民说》。

至腐败的漫漫历程。

第二节　营业税思想的演变

清朝所征收的营业税税目较之前代更为繁多，主要有以下几种：

一、门面税

这是在大中等城市及商贾云集之地，向居民铺面征收的税，以后扩及到居民住房。凡"沿河傍市，及包场学宫之旁，贫民楼民小尾，均收租税"。门面税，明代即有，清代沿袭此税，各地均采取定额征收，具体则例各地不一。例如，在新疆将居民铺面分为上、中、下三等，按照等级征收门面税：上等3钱、中等2钱、下等1钱。[①] 又如齐克塔木等地不分等，每月凡铺面每间征收五钱。淮安府各郡每间征收一钱。[②] 此税征收面比较广，因此其税额也是一个不小的数目。顺治十五年山海关各州县，共派银767两3钱，泰兴县派银113两5钱。[③] 乾隆三十四年，仅伊犁地区就征得税银10070余两。

二、牙税

凡设立行号，处于买卖双方之间，代客买卖货物，以抽取佣金的叫牙行，亦即经纪人。凡充当牙行的人，须先向户部或地方官府领取牙帖，每年需交纳牙帖税银，叫牙税。牙税实际上是特种营业税。

牙税税率，因地区而异。如江西牙税每年上则纳银三两，中则二两，下则一两；湖北规定上则二两，中则一两，下则五钱；僻乡村镇，上则一两，中则五钱，下则三钱。均视各地营业的大小，与牙行的负担能力而异。牙帖每五年发给新帖一次，依牙行资本，营业状况，纳一百五十两至一千两不等。

---

① 《仁宗实录》卷二三九。

② 《顺治年间征收杂税史料》，转引自《历史档案》1983年第3期。

③ 《顺治年间征收杂税史料》，转引自《历史档案》1983年第3期。

牙行人数，各地定额不同。乾隆二十三年，共征得牙税银一千五百两有余。

三、 厘金税中的坐厘

鸦片战争失败后，清政府已经无法打破财政的窘境，从增加田赋、强迫捐输或发行通货等来增加收入以筹措战费，已经罗掘俱穷，必须另外寻找新的财政来源。厘金制度就是适应这种需要而产生的。厘金的种类繁多，如按照课税地点来分，有出产地厘金、通过地厘金和销售地厘金三种，其中的销售地厘金又称为坐厘或者板厘，性质上属于营业税。而此项厘金有各种各样的称谓，例如：坐贾、埠厘、门市月厘、铺捐日捐、落地厘、销场税等等名目。对于坐厘的征收，主要采取两种办法：一是官征制度，即由各省官府设立局、卡，按照各省税章依法征税；二是包缴制度，即由同业商人承总认定该业捐额并经理其事，或由非该同业商人承包该业捐额并经理其事，负责缴纳。前者称为"认捐"，后者称为"包捐"。厘金的包缴，盛行于广东，而广东抽收坐厘又较他省为普遍。因此，坐厘的包缴，亦以广东为最盛。坐厘的开征，开始就由商人自办汇缴。其后，虽有官征，而包缴纳仍然盛行。

四、当税

当税在清代前期税率较低，每年交纳一次。到了清代后期，又征收贴捐，这是属于营业执照税，几年交纳一次。其后更有各种附加捐，如中法战争时的海防筹饷、中日战争的军需集款等，这种附加捐，本没有一定的税率，由各省疆吏自由征收，收到的款项，也不报告中央，属于所谓"外销"一项。"外销"与"内销"相对而言，这是地方自辟财源所筹得款项中已满足所摊款后的剩余部分。这部分在运用时，可以不入正账，无须奏报，由各省自由支配，自行核销，故称"外销"。光绪二十三年，户部又以当商获利甚厚而税率又过低为理由，规定每户纳税年额为五十两，但是各省人自为政，税率差距甚大。例如河北规定，凡是经营当业的，不分典质，不论地方繁华与偏僻，每年规定纳税一百元；在江苏帖费分为三等：上等五十元，中等三十元，下等二十元；而在辽宁，则分资本在一万元以上者为大当，每年征收正税一百元，附税十元；资本在一万元以下者为小当，每年正税五十元，附税五元；至于典当利息，规定每月不得超过三分。由于此种征收，交付手续需经多次官署，常在正税附加额外，还要征收过重的手续费，商民不堪其苦。

除此，本时期盐课、茶课中的引课在性质上也属于营业税。

综上，营业税发展至清代，无论在具体税目的设置上，还是征收方式上，都较之前代有所发展和完善，从中，可归纳出营业税思想演变至清代所呈现出来的特质：

1. 营业税的设计愈来愈趋于规范化

这主要表现在本时期承继明代营业税的设计特点，进一步按照营业额的大小来征收营业税。此前营业税的征收不是按照营业额，而是以所经营货物的量、商品的价格作为标准而计征，像三国两晋南北朝时期的散估税便属此类。这样，清代营业税税率的制定也呈现出多样化，如门面税、牙税的征收都以征税对象的所属等级为标准，按照不同的税率对其进行课征。而不同等级设立的本身便反映出官府已意识到贯穿税负公平理念在营业税征收中的重要性。因此，从按照营业额计征、制定不同的营业税率这方面来说，清代的营业税设计已趋于规范化。

2. 出现了按照资本利润额课征的营业税思想

这主要体现在思想家王源的言论中。王源坚决主张废止数千年来行之已久的对物课税制度，认为这种制度使"商旅之困惫已极……宜尽撤之以苏天下而通其往来"①。他建议，商业分为行商和坐商两大类，坐商由县同（即各县主管财务的官吏）发给印票，写明姓名、里籍、年貌与行业，资本若干。如增减资本或改变行业，则须换发印票。以后即按资本的月利一分为基础抽取十分之一，即每月百分之零点一，全年为资本总额的百分之一点二。税

① 王源：《平书订》卷十一。

额均在年终缴纳并登记在各人的印票之内。为防止商人隐匿资本，将坐商按其资本额有一百贯起至十万贯分为九等。不足一百贯中为散商，不列于九等，免税。九等商人的尊卑、礼节、服装、乘马、可否使用奴仆及使用奴仆的人数，均有严格区别，不得擅自违反。换言之，即企图利用人们好胜及虚荣的心理，使商人不隐匿资本，同时，不论何等商人，只要纳税满二千四百贯即授以"登侍郎九品冠带"，再满二千四百贯又增一品，至五品为止。取得此种虚衔的商人便列于官僚士大夫之列。这是利用封建社会等级身份的提高来诱使商人不隐匿资本并努力缴纳营业税。可以说，王源这一有关对坐商征税制度进行改革的建议，类似于近代个人所得税制，但毕竟他当时是针对坐商的纳税而言的，所以应属于流转税思想的范畴，且清代对当税这一营业税的征收实践中，确实也贯穿了这一思想，如前所述，辽宁在征收当税时，便按照各当行资本额得多少，划分为不同的等级，按照不同的税率对其进行课征。

3. 营业税的征收仍然带有财政掠取的痕迹

清政府对营业税的征收意图仍旧更多地出于财政考虑，这尤其体现在本时期坐厘的征收及其包缴制度的实行上。厘金的设置本属一筹措军需的临时应急措施，可在获取了大量的厘金收入后，仍久行不废，而包缴制度，亦是官府为保证稳定的坐厘收入而实行的，且在实行的过程中，带来了一系列的弊端，如有些地方承包人（中间商）从中剥削，致使百姓的负担很重，这都反映了清政府的财政掠取本质。至于其他营业税种在具体执行过程中所采用的定额制，所征收的大量手续费更是体现了这一倾向。

第三节　消费税思想的嬗变(3):纲法、票盐法

本时期的消费税思想仍承继前代，继续在"官商分利"的基础上探索最佳的运作方式。前已述及，对于盐、茶等大宗消费品，封建官府要想通过完全垄断的"寓税于价"来获取税利，至封建社会后期已是越来越不可能；而要

实行自由通商，由官府征税的制度，对统治者来说更是不可能，这损害到他们的切身利益，尽管这一观点主张一度在思想界非常盛行。所以，自唐宋以来，封建统治者便一直试图在专卖与通商之间寻找一个最佳结合点，如明代的开中制度、引岸法，其实质是一种专卖经营特权与市场分割垄断结合的流通体制，它们的实行仍不可避免地带来了诸多的弊端。因此，至本时期，封建官府在政策制度上继续探索，而同时亦有许多思想家对此纷纷发表自己的言论。

仍主要以盐税为例，将本时期消费税思想的嬗变作一梳理。

一、 反对专卖，主张通商思想的深化

首先，在明末清初思想家顾炎武的赋税言论中，进一步体现了国家专卖和经济干涉政策倾向的日益削弱。以食盐贸易来说，他主张较为自由的国内贸易，封建国家只需收取盐税，反对"束缚"、"急使"盐商的干涉政策，他指出："两淮岁课百余万，安所取之？取之商也……若商不得利，则徙业海上，饥无所得粟，寒无所得衣，是坐毙耳……且商人皇皇求利，今令破家析产，备受窘困，富者以贫，贫者以死。彼所恋旧堆之盐，预征之课，未忍割而徙业。若束缚之，急使之，一无所顾，今天下安得岁增民间百余万粟，输九边以为兵食者乎？"[①]显然，顾炎武在此站在维护盐商利益的角度，阐述了如果盐商受到损害势必会影响到国家财政收入的观点，以此来批驳食盐的专卖制度。他反对对大宗消费品的专卖制度，主张由人民自由贩卖，而国家征税，认为这样才是"得中正之法"[②]。

在本时期，进一步为盐商呼吁的观点日益普遍。如顺治初的王国佐在条奏长芦盐法事宜时，一再强调要"省商费"、"申商冤"、"济孤商"、"鼓富商"[③]。稍后，卢纮论盐法，也指出应于国于民于商三者俱利，不可偏废，因为

---

① 顾炎武：《天下郡国利病书》卷二八，《江南》十六。

② 顾炎武：《天下郡国利弊书》卷三五，《山东》一。

③ 《皇朝文献通考》卷二八，《征榷考三·盐》。

“国利民利，而商未有不利也；商专害，而国与民固未有能利者也”[①]，这样就把商人的利益同封建国家和一般消费者的利益看做是完全一致了。雍正时人曹一士则把“商贾买盐于灶，而官取税于商”，视为“不易之法”[②]。这是对于盐商自由经营形式的充分肯定。他甚至不同意官府专制与私商经营并行，斥之为与商“争利”而坚决予以否定。这对于封建官府的专卖制无疑是一个沉重的打击。

二、 引岸法所体现的消费税思想

清代的引岸法主要指对食盐消费品所采取的官督商销制度，又称为专商运销。专商经营特权结合引岸流通制来实现，一般又称为专商引岸制度。这是国家掌握食盐专卖权，利用商业资本代行运销业务而承包课税的专卖方式。政府假手商人资本和经营才干以承担风险，较之于官府直接专卖更能确保国家盐利收入，故在清代的盐法中，“惟官督商销行之为广且久”[③]，成为清代食盐专卖的最主要形式和在全国普遍推行的运销方法。

这一获取食盐利润的课征方法体现了如下的消费税思想：

1. 将专卖权与专卖经营权进行分离

官督商销的经营特征为：国家（户部）通过盐引（运销凭证）的颁发销缴以控制全国食盐流通规模；盐商通过认窝定岸以承包税课。在官督商销形式下，食盐运销的经营主体是专卖盐商。专商作为商业资本的人格化，并不体现为资本的一般形态，他们是享有封建特权的商人。盐商经营运贩业务，必须按照盐法规定的招充具保等程序，向政府缴纳巨资即窝价，以取窝产或引产，称为占窝或认窝。占窝意味着封建专卖经营特权的货币抵押，相当于盐商认办引数的投资总额。盐商通过占窝以取得的专卖经营凭证叫窝单、根窝或称引根、引底，并据以按年领购盐引，即享有对食盐一定运贩规模（引

① 卢纮：《盐法议》，引自《皇朝经世文编》卷五零，《户政·盐课下》。

② 曹一士：《盐法论》，引自《皇朝经世文编》卷四九。

③ 《清史稿》卷一二三，《食货·盐法》。

额)和固定销售市场(引岸)的经营独占权,同时也就承担了相应的纳税义务。窝引既是国家对食盐专卖权的象征,又是专商执行专卖经营权的法律依据。通过商人的占窝活动,导致了国家专卖权与专卖经营权的分离。当专商经营不力,按盐法规定须呈请"弃(窝)产变价,告退招商",因经营亏损,国家则行使专卖权,"将该商革退,引窝别募殷实商人承顶"[①]。如因拖欠课帑触犯盐法被参革退,还须"以引窝变抵",甚或"著落引窝家产变抵"[②]。专商凭借专卖经营特权而赚取丰厚的垄断盐利,但沉重的封建义务制约着盐商资本的积累。导致引商经常"有旋顶旋退者"[③]。所谓"世承其业,循环转运"的窝引经营垄断权,实际上呈现出极其不稳定的状态。这既反映了封建政权与盐商资本之间控制依附的关系,同时也体现了官商在分割垄断盐利上的矛盾运动。

2. 以引商与运商的分离获取更多的税利

商人任窝请引后,即可开展食盐运销活动,执行窝引的专卖经营权,这样他们就以引商的法定身份履行食盐运贩的经营职能,所以,引岸法实行的最初,引商也就是运商。而引商的特权出自窝引,窝引含有价值称窝价,具有一般商品的让渡属性,因而引商无须垫付巨资去冒经营风险,只要将年窝甚或根窝转售典质于无窝权的运商承办运销业务,就可坐享窝利。"引商有专卖域,谓之引地。当始认时费不赀,故承为世业,谓之引窝。后或售于承运者,买单谓之窝单,价谓之窝价。"[④]所以,引商和运商开始分离,这种分离直接与引商对经营权垄断和垄断特权的货币化有关。当清初招商认窝时,权贵势豪乘机争占畅岸引窝,坐食窝利,"狡侩之徒,往往出资顶充为名,而诈伪营私"[⑤]。如康熙初,尚可喜藩属在两广冒充商窝,"见盐为利薮……占

① 《光绪大清会典事例》卷二三一,《户部·盐法》。

② 《清盐法志》卷三,《通例》。

③ 《清盐法志》卷二一九,《两广·运销门》。

④ 《清史稿》卷一二三,《食货·盐法》。

⑤ 《雍正上谕内阁》雍正十二年。

夺盐埠，充商领引，高价市卖”。[①] 当时多数情况，是清初限定本地“殷实粮户”充商，他们或不谙经营，或认窝后无力办运，遂另觅他商代行。雍乾之际，人口剧增，食盐流通规模迅速增大，“凡商贾贸易，贱买贵卖，无过盐斤”[②]。诱使各商帮对食盐经营权的激烈追逐，从而进一步加速了引商和运商的分离，运商（包括认顶窝引兼有引商身份自办运销的盐商）逐步由土著向客籍转化，发展为以秦、晋、徽商为主体的盐商贩团，取代引商而成为食盐运销的主体。

运商势力的崛起，是社会商品经济发展对封建窝引垄断冲击的必然结果，是商业资本通过资力、才干较量引起食盐专卖领域内经营主体的分化改组。通过盐商的分化和重新组合，使专卖经营权又转移到一批富于运营筹划、取予进退、经营有素的职能商人手中，给流通领域增强活力，推动竞争，加速食盐流通和盐业资本的迅猛积累。“两淮岁课，当天下租庸之半”[③]。运商通过承办专卖经营垄断盐利向清政府提供了巨额课帑收入，成为清王朝的重要财政支柱。因此，某种意义上说，引岸法执行过程中所体现的引商和运商分离的政策思想，具有历史的进步性。

3. 以纲运保证税课的完纳

清代运商行盐，沿用明代纲运法而变通之。清代的纲运，既是商帮的组织方式，又是政府赖以控制商运活动的管理措施。首先政府组织纲运以便稽考。专商经营运销业务，由于各运商承引资力与对销岸独占的规模不一，“引碎商散”；加以运商的客籍化，给地方政府对销引课征的考成管理带来了困难。山东盐区规定：“凡引不及八百者，不准自立商名，设立六纲以统之。”[④]纲，是一个商帮行引的联营组织，即政府集一定规模的商帮引额，编列纲名，有组织按秩序轮纲循运。商纲组建，实行滚总办法，称“滚总结纲”。

① 乾隆《南海县志》卷一八，《议除藩下苛政疏》。

② 贺长龄：《皇朝经世文编》卷五零，朱栻“请定盐法疏”。

③ 嘉庆《两淮盐法志》卷五五，《杂记》。

④ 《皇朝政典类纂》卷七一，王守基“山东盐法议略”。

每纲设有纲首或称总商，由“资重引多”而“德行端正，诸事练达”的引商或运商，通过轮充、公举，或直接由政府签派充任。且滚纲目规定，盐政衙门只认签头的纲首或总商，“一切领引纳课，责成纲首经理，以取整齐”①。总商代行盐政的部分职权，“承办盐场一切公务”②，具有半官半商身份。他们以“谙习盐务”得以参议盐政，作为运商首领，下连市廛，上通朝廷，“声势赫奕，督抚监司莫不与抗宾主礼”③。对于协调运商与清政府之间的关系起了一定作用，但同时他们也仗势挟制众商，“籍办公为名，摊派散商，所获之利，转加于办运者数倍”④，从而成为清政府统治压榨运商的工具或代理人。

而清政府组织纲运的核心则在于保证税课的完纳。商纲课款一般采取结保摊赔的办法，包税对象由个体运商转为商帮。纲首或总商作为承税法人，对督征课款采取了不同措施。两淮实行课费摊派办法，凡运商逋欠课帑，“总属众商摊赔代补”⑤。长芦盐区实行“保结制”，由同纲商人向政府共具印结，“联环互保，如一商延欠，九商代完”⑥。总商为防止拖累，筹设“参课银”，由本纲众商按引派捐一定数额银两，以备“弥补参退各商无着帑课”⑦。两广盐区实行统运法，将全区纲埠分隶六柜，“令各出己资”，由众商摊捐办运盐本一百四十余万两，由局商（总商）统一配运各柜，“运商听各就近赴局及各柜领销，交课后发盐”；“疲埠欠饷，辄用盐本垫解”⑧。四川则由总商掌握通纲盐引，统一租收引费，预扣课款。“商运行盐，必先向坐商租引，然后赴井厂配盐。每引一张，约十余两、二十余两不等，由总商租收，作为课税羡截、领缴引费、及地方官吏委员提课规费、商局公费；下余之数，不过二两，由

---

① 《皇朝政典类纂》卷七一，王守基“山东盐法议略”。

② 光绪增修《河东盐法备览》卷六，《奏销门》。

③ 徐珂：《清稗类钞》农商类，2323页。

④ 光绪重修《两淮盐法志》卷三，《王制门·制诏三》。

⑤ 《李煦奏折》59页。

⑥ 《内务府奏销档》，乾隆四十八年三月四日内务府奏。

⑦ 《内务府来文》，嘉庆二十年五月二十二日户部咨。

⑧ 《清史稿》卷一二三，《食货·盐法》。

商总分交各坐商，谓之引底。”①

可见，清政府通过商纲组织能够基本保证税利的完纳。这一政策思想充分体现了统治者对商业经营原则的掌握和灵活运用，封建官府将商纲组织自我约束与封建盐法强制相结合，反映了官督商销的管理思路。政府将食盐专卖经营权委以商人，商业资本轨蹈盐法沾润余利。随着官商间利害关系的矛盾运动，商盐资本的封建化与封建盐政腐败交融趋同发展。

三、 票盐法所体现的消费税思想

引岸制度在具体实施过程中也出现了诸多弊端，招致了诸多批评。如两淮盐政高恒曾于乾隆时指出，本来盐商应知道“长价不如广销，惟实力办运，期于流通获利”，但囤积引窝的结果，却使窝价骤涨，“以致办运之商，成本加重，口岸卖价不能不增，私盐必集，官引遂至壅滞，实为盐法大害”②。这确是揭露了盐法由以往私商自由竞争制转变为专商垄断制后必然会产生的弊端。道光十年，原江苏巡抚，后代总督陶澍则进一步地指出，两淮盐弊是由成本积渐成多和籍官行私过甚所造成的。

在此基础上，出现了票盐法的建议和实施。道光时，陶澍兼职主两淮盐政，仍以除弊为先，采取“减本敌私”方针，变革原来纲运办法为票盐之法，向朝廷疏陈了利害十五条，奏定章程十一条，③在付诸实施中主要从铲除杠霸需索，改革官署公用杂费，统由盐商承担的陋规，去除库收正杂不分，混用冒支的侵蚀，堵塞回空粮船夹带私盐和虚报损失，逃避税课的漏洞等方面作了比较切实的整顿和改革。并在清楚盐政弊端基础上，废纲盐法，行票盐制，制定章程十条，实施官督民贩。具体措施是，裁革废商，取消窝引垄断，听任商民照章纳税领票，贩盐于指定销区，“不论资本多寡，皆可量力运行，去来自便，使人乐于争趋”④。

---

① 鲁子健：《清代四川财政史料》下卷，198页。

② 《高宗实录》卷七三九。

③ 参见《清代七百名人传》上册第一编，《陶澍》。

④ 陶澍：《陶文毅公全集》卷一四，《会同钦差复奏体察淮北票盐情形折子》。

从中我们可以看出，较之于引岸法，票盐法所包含的核心思想，是通过取消窝引的垄断权来加速食盐的流通，以此获取税利。应该说，对于纠正引岸制度所出现的弊端，这一思想是触及了其痛处的。且与此相对应的陶澍的具体改革实践也证明了这一点。根据他的倡导，使人人皆知票盐法的好处，不久远近辐辏，盐船前后衔接不断。史载为数十年内未有，仅四个月中，请运盐额就超过三十万引，[①]不但限制了盐商坐享根窝之弊，更无改捆掺杂之弊，盐质好，省浮费，成本大降、官价自跌，在本轻价贱情况下，私盐贩销已是无利可图，也都纷纷改领票盐，销盐增加，政府盐课收入随之有盈无亏，过去积欠的数十万两盐税，也从而得到了清偿。经过整顿改革，虽未累加盐税，但自道光十一年至十七年的六年中，两淮共收正杂盐课达二千六百四十余万两。但同时，票盐法中建立于小生产经济基础上，受封建财政支配的"自由贩运"，是无法根除新的运销垄断的。同治五年（1866 年），随着相对稳定的"同治中兴"，两江总督李鸿章急于筹措巨额饷款，令票商捐输票本，"按年准其循环转运，更不许新商羼入"，排斥中小票贩。"虽名为票盐，实与引商无异。一经认定，世世得擅其利"[②]，这显然是变相的纲法。

此外，本时期对茶消费品也主要实行引岸制，同盐法基本类似。

总之，本时期所体现出的消费税思想，一方面，统治者较之前代更加注意商业经营原则的灵活运用，如将消费品的专卖经营权予以商品化，用纲运来保证税课的完纳等政策思想的出现便是很好的说明，这是商品经济在本时期进一步发展的客观反映；另一方面，统治者进一步强化消费税获取的垄断特权，并将这一思想牢牢地贯穿于诸项赋税改革政策中，这充分地反映了封建社会末期，统治者意识到商品货币关系的成长会对封建特权带来侵蚀后的挣扎。正是这两种理念的冲突，使得统治者对完全获取消费品税利越来越力不从心。

---

① 《清史稿》卷一二三，《食货》。

② 《清盐法志》卷一五六，《两淮·杂记门》。

第四节 流转税制思想:流转税征收的理论依据

本时期在商品经济发展和农商关系调整的推动下,一些思想家对商业地位和作用的认识进一步深化,分别从不同角度阐述了商业在满足各阶级和各阶层物质需要、扩大社会就业以及解决民食问题、缓解灾荒的压力、增加国家财政收入以至“立国”、“通财”等方面的作用,重商理论沿着唐宋以来演变的历史轨迹和逻辑思路进一步向前发展。在此基础之上,思想界内出现了有关“征商”的言论,且思想家们从不同的角度为流转税的征收提供理论上的依据。

一、从“人各效其能”的原则出发

这主要体现在启蒙思想家王夫之的言论中。王夫之深深懂得商业的社会职能,宣扬“商贾负贩之不可缺也,民非是无以通有无而赡生理”[①],他在《黄书》中曾列举了部分地区典型的物产及其贸易情况,认为遍及各地的商人和频繁的商业活动“盖以流金粟,通贫弱之有无,田夫畦叟,盐畦布褐,伏腊酒浆所自给也”[②]。所以,商业的主要作用之一是保证“生人之用全,立国之备裕”[③]。不仅如此,在他看来,大贾商民已是掌握国家命脉的神灵,“大贾富民者,国之司命也”。因此,他反对当时的封建官吏借铲除“豪右”为名,使富民大贾还比不上“偷惰苟且之游民”,大声疾呼:“故惩墨吏,纾富民,而后国可得而息也。”[④]在这种坚决保卫商业资本利益的思想支配下,他虽很强调向商人征税,但其征商的目的,显然和战国、西汉借征流转税以抑商的目的有所不同。他以为,自古以来,“兵车之赋,出于商贾,盖车乘马牛,本商之所取利,而皮革、金钱、丝麻、竹木、翎毛、布絮之类,皆贾之所操”,故军器费用

---

① 《宋论》卷二。

② 《黄书·大正第六》。

③ 《读通鉴论》卷二七。

④ 《黄书·大正》第六。

应该由商贾来承担,至于盐茶酒税一向由商人缴纳更不待言。总之,要使工商游食之民均负担租税,才不致使赋税全部落到土地所有者身上,才能"通四民之有余、不足、劳逸、强懦而酌乎其平"[①]。这一征商观点和他否定农业单一税思想是一致的。所以,他主张征收流转税是从"人各效其能"的原则出发,不是以此打击商业和商人阶级。这也体现了新兴市民的平等要求,不完全是为了减轻土地所有者的负担。

二、 从扩展财源的角度出发

这一思想首先反映在民族英雄郑成功的改革实践中。郑成功虽重农本,积极推行屯田垦荒,但并不抑末和轻视商业的发展,早在规复台湾之前,即有"通商裕财"和"通商裕国"之志。如东渡台湾前,已有数十万大军在闽粤一带从事于海外贸易活动,并在京师、苏杭、山东等地,集散商货,经营商利,借此以给军用之需。为使荷人偏处海岛,无法垄断经营,还采取封锁其商运办法,传令各港,通告各国商人,不准去台通商,从而封锁荷人对外往来达二年之久。荷兰占领者为此曾多次派人与郑成功商谈,表示愿意每年资助军饷五千两,箭坯十万支,硫磺一千担为条件,请求给予通商便利,均被拒绝。可见,他对通商的重要性,早有深切的了解,不仅可以裕民裕国,更可制敌制胜。当他规复台湾后,进一步推行农业税和流转税并举的方针,积极扩展财源。当时英吉利、安南等国商船,纷纷驶往台湾思明等地,要求通商互市,并不加以禁止,而是按照通商贸易规定,征收外商的商货及市舶等税,借通商而互通有无,与清政府的禁海政策,截然异旨。与此同时,对荷人占领时期,台湾境内实施的苛捐杂税,都逐一进行清理,或予减免,或予废除,既可利农又可便商。郑成功病故后,其子孙仍继承先辈之志,在重视屯垦的基础上,努力组织商品流转税。由于农业与商业均有了发展,农有租赋之入,商有征税之益,取得了农业税、流转税并举兼收的效果。政府的财源得以扩增,社会经济也得以发展,通商裕财思想,取得了实益。

---

① 以上引文均见王夫之:《噩梦》。

具有强烈资产阶级倾向的地主阶级改革家魏源也提出了扩大流转税收入以补充农业税收入不足的观点。他很重视盐税、关税等流转税收入“以裨农赋之不足”，并坚决主张改革弊端、剔除浮费以便利商人，从而增加关、盐税收入。[①] 盐利自两汉以来便成为封建财政收入的重要项目之一。海关收入在乾隆中尚不甚重要，最高统治者甚至要加重海关税使“洋船无利而不来，以示限制，意不在增税”[②]。至道光时关税日益重要，仅粤海关一处从道光元年到二十年间的收入即达三千余万两。[③] 所以，魏源这一扩大流转税收入来补充国家财政税源的观点是有其客观依据的，同时也体现了中国封建税制结构正起着急剧的变化。

三、 从否定征商为抑末的角度出发

俞正燮为清初著名学者，他坚决否定向来征商为抑末之说。他在《类稿·征商论》中，强调征商非抑末之说，认为古时即已十分重视商业活动，称“商贾民之正业”，从未轻视，《周官》中还以征商与征农并重，各有征课，及至孟子提出“仁政本不征商”之说，商鞅又行“重赋抑末”政策后，重本抑末之论，便为后世之宗。对此，他作了反驳，认为“四民皆王者之人，君臣之义，无所逃乎天地之间，不应商贾独以仁政不事君，专以征科苛责农民。上下相接以义，商贾若是末，则圣王循天之理，不得因末为利。若重征以抑末，则如何禁绝之乃反诱而征之哉！”可见，他既坚持反对“商贾独以仁政不事君”的不征商税之论，亦持反对将征商视为“重征以抑末”之说。不仅如此，他还采取逻辑推理方式，根本否定了两千年以来征商为抑末的传统教条。他说：“夫圣人仁政，固征农矣，仁政独不宜授田课植农桑而不征欤？农岂亦末作罔利，当征之使反本循天理而冻馁欤？然则不征商非仁政，征商非抑末也。夫征商与征农，其义一也。”既然征商与征农同为征课，为何一个为抑末，一个

---

① 见《淮北票盐志叙》及《海国图志》,《筹海篇》四。

② 《清朝文献通考》卷二七,《征榷》二,乾隆二十二年。

③ 林则徐:《林文忠公政书》乙集,《两广奏稿》卷四,《密陈夷务不能歇手片》。

为仁政，由此推导出“征商非抑末”，“征商与征农，其义一也”的明确结论。从反传统的演变过程来说，南宋叶适虽提出抑末厚本为“非正论”，但又说：“果出于厚本，而抑末虽偏，尚有义”①；明清之际黄宗羲公开打出“工商皆本”的旗帜，仍不免带有“古圣王崇本抑末”为“救弊之一端”②的传统痕迹；清前期王源进一步反对“轻末”，亦未完全摆脱“重本抑末之说固然”③的陈旧看法。只有到俞正燮这里，重本抑末的传统教条才被彻底加以否定，更重要的是，他在此基础之上，将征商与征农置于完全相等的财政地位上，这就迂回地为流转税的开征提供了理论上的依据。

本时期的思想家在为征收流转税提出理论依据的同时，亦注意到了现实流转税政策中所存在的苛征现象，他们对此进行了有力的批判。如吴铤认为历来的关市之征，其税负最终都转嫁给了百姓，商贾只是“计其值以权子母，酌其入以逐什一”④，政府加重流转税，结果只能促使“万物腾贵，黎民重困”。为此，主张将征商税率定为三十分之一，如此，既便商，也利民、利国。汤鹏还进一步提出：“毋算商车，毋算缗钱，毋算入市，毋税间架，毋税农具，毋税青苗，毋税谷，毋税酒、毋税醋、毋税书籍、纸扎，毋税蔬、果、竹、木、柴薪，毋税金、银、珠、玉、铜、铁、沙矾，毋税食羊、乳牛，毋税鱼箩、鸭埠，毋收责，毋率贷，毋系囚入缣，毋买奴输估。是故税宜减而薄者，郅治之政也；税弥繁而弥厚者，叔季之政也。”并称：“民不厌于供，则少取之而生多取焉。物不穷于出，则少用之而生多用焉。如是者国无贫。”⑤唐甄也认为，国家的税收应当适当，不能超过一定的限度，对人民的额外苛索，是窃民之宝，攘民之命。这种“虐取”，对社会来说是“取之一金，丧其百金，取之一室，丧其百室”，一个工商业者的破产，意味着“向之籍而食者，无所得食”，只有走上流

---

① 叶适：《习学记言》。
② 黄宗羲：《明夷待访录·财计》三。
③ 李塨：《平书订》卷一。
④ 吴铤：《因时论》。
⑤ 汤鹏：《浮邱子》卷十，《医贫篇》。

亡之路。同样,对于封建国家来说,这将昭示着国家的兴衰。[①] 而对于清代后期所开征的厘金税,更是众矢之的。如王韬便指出"今之所谓开源节流者,皆于厘税二事殷殷"[②],"抽厘加税,无微不至"[③],故坚决主张"撤厘金"。在此,王韬显然是意识到了厘金税的征收对商业乃至国民经济的阻碍作用。

总之,本时期为开征流转税寻求理论依据的思想同反对苛征流转税的主张一道盛行,这说明了古代思想家深刻地认识到只有在征收流转税但同时又不能苛征的基础上,才能较好地发挥它对国家财政,对社会商品流通的积极作用。这较之单纯地意识到开征流转税的必要性,或是仅仅意识到苛征流转税对商品经济的不利影响从而提出一些"因噎而废食"的主张,显然更加具有理论上的合理性。这也是本时期商品经济的发展越来越摆脱封建束缚的客观要求和思想体现。

第五节 评 析

总的来说,本时期的流转税思想在前代演变的基础上继续向前发展,且呈现出较为丰富的特点。这其中最根本的原因在于,历史发展至清代,商品经济的水平已经达到了一个前所未有的高度,商业在经济生活中的作用空前加强。这一时期,由于市场关系的发展,商业对人民生活的影响更为突出;由于商业性农业的发展,商业对农业生产的支配作用更加明显;更重要的是,由于商品流通的扩大引起流转税的增加,国家财政对商业的依赖性更强。在这种背景下,清代政府有意无意地逐步调整关税、市税和消费税措施,在一定程度上为商业的发展创造了条件,顺应了商品经济发展的趋势。与此同时,思想家们也在这种前提下,纷纷发表对流转税政策的各种建议和见解。当然,从本质上来说,封建特权的内在要求同商品经济的发展是相互

① 《潜书·富民》。

② 《弢园尺牍续钞》卷三,《拟上当事书》。

③ 《弢园尺牍》卷二,《与杨醒通》。

矛盾的，而封建官府制定的流转税政策所体现出的指导思想往往体现了这一矛盾。所以，概括、梳理本时期的流转税思想，既有顺应商品经济发展的一面；又有体现封建统治阶级意志的一面。

一、 本时期流转税思想与商品经济发展的趋同性

这主要体现在三个方面：

1. 财政关税思想向保护关税思想的转变

在漫长的封建社会里，关税思想自三国两晋南北朝时期开始萌芽，便始终作为核心贯穿在封建官府所制定的关税政策中，尤其是清代以前的内部关税制度。而至清代前期，这一思想趋势更为明显，封建统治者从财政获取的角度出发，对内部关税极尽搜刮之能事，厘金税的征收将统治阶级财政获取的指导思想推向了高峰。同时，思想家们在探讨海关税的征收时，也大多以其能为封建财政提供新的税源为出发点来游说统治阶级，尽管这是建立在当时清政府实行"闭关锁国"基础之上的，在某种程度上具有进步意义，但它毕竟同官府的内部关税政策一道体现了关税思想的财政特点。而到了清代后期，这一主流思想发生了改变，即大多数思想家将注意力投入到外部关税上，基于对外贸和关税知识的了解，纷纷从不同的角度提出保护关税的政策主张和建议，这里面尤其以马建忠的观点最为系统和全面，他主张轻征出口税以鼓励国内商品打入国际市场，同时要求重征进口税，以增强国内产品的竞争力，并且他认为要想实行保护关税政策，必须具备一个制度前提，那就是修改税则，力求关税自主，其后的郑观应、严复等人也都针对关税自主问题发表了自己的看法，核心只有一个，即收回关税自主权，反对外国干涉中国主权。这些有关保护关税的主张和建议的提出，较之过去的政治关税、财政关税思想，无疑是一巨大的进步。

本时期之所以发生财政关税思想向保护关税思想的转变，原因主要有两点：一是重视对外贸易思想的盛行与深化，而这又是建立在整个商品经济发展的大前提之上的。早在有关思想家高度重视商业的同时，对外贸易作为一种特殊的商业活动，其地位和作用便受到了高度关注。如明代的邱浚、

徐光启等人便论述过中国发展对外贸易的必要性，“外夷所用则不可无中国物也”[①]；明清之际以王夫之为代表，将对外贸易的地位和作用提高到了利国利民以至本固邦宁的高度，“本固邦宁，洞然以虚实示人，而奸宄之径亦塞。利于国，惠于民，择术之智，仁亦存焉。善谋国者何惮而不为也”[②]；至清代蓝鼎元，外贸思想又比王夫之向前迈进了一步，他不仅发展了海外贸易有益于补中国之不足的思想，基于对海外贸易的地位和作用的认识，他还有力地驳斥了反对开放海禁的观点，且从沿海地区经济发展的具体实际出发，立足于为民的角度，阐述了开放海禁与发展沿海经济、解决沿海民众生计的关系，进而得出海禁“有害无利，但能使沿海居民富者贫，贫者困，驱工商为游手，驱游手为盗贼耳”[③]的结论，这样，蓝鼎元在全面阐述海外贸易对发展中国经济、稳定社会秩序意义基础上，把中国古代的对外贸易思想提高到了一个新的高度。尽管思想家们在阐述他们的外贸观点的时候，还不可避免地从其能增加官府财政收入的角度做理论上的论证，但相对于海禁、闭关锁国等政策主张，已是巨大的历史进步。正是这些外贸思想的盛行与深化，为财政关税思想向保护关税思想的转变提供了理论上的前提。二是鸦片战争爆发后，帝国主义侵略中国的客观实际，促使传统的财政关税思想开始向保护关税思想进行转变。不平等条约签订后，中国实行门户开放政策，这时关税地位日益重要，并成为列强垂涎的利薮，掠夺中国海关成为列强控制清政府财政的重要手段，因此，争取关税自主和修改关税条约便成为资产阶级改良主义者为争取资本主义在中国的发展的重要主张，同时，一些知识分子在吸收西方科学文化知识和传播西方资本主义思想的同时不断将西方的治税思想介绍给中国，这其中包括保护关税思想，所以出现了郑观应、马建忠等人的保护关税思想。

尽管清代后期出现的保护关税思想在某种程度上是对同时期外国关税

① 《大学衍义补》卷二五，《市舶之法》。

② 《读通鉴论》，中华书局1975年版。

③ 《鹿洲全集》卷三，《论南洋事宜书》。

理论的简单介绍，尚嫌肤浅，但它毕竟是由在漫长的封建社会里占主流地位的财政关税思想逐渐演变而来的，更具有意义的是，在这一转变的背后，是封建社会里商品经济逐渐冲破层层束缚而得以不断发展、繁荣的历史实践，所以，这一转变同清代乃至整个封建社会的商品经济发展状况是趋同的。

2. 消费税政策中将专卖经营权予以商品化的思想

这一思想主要体现在官督商销的引岸制度之中。引岸制度通过将专卖权和专营权分离，将专卖经营权让渡给引商，让引商履行食盐运贩的经营职能，而后引商与运商又进一步分离，最终使一些商帮成为食盐运销的主体。这种将专卖经营权予以商品化的过程，使流通领域增强了活力，推动了食盐流通和盐业资本的迅猛积累，同商品经济的发展商业资本的发达是一致的。所以说，这一政策思想的出现，同商品经济的发展也具有趋同性。

在实践中，这种商品货币关系的发展对封建权力造成了侵蚀。专卖特权沟通了官商贿结、权钱交易的渠道。在封建晚期商品货币关系空前活跃的历史条件下，专卖的推行，必然诱发并推进清代政府官僚机构的腐败。其在盐务的集中表现，就是助长了私盐泛滥。包世臣在《庚辰杂著五》中列举有清一代的私盐共十一种，其种类之多，规模之大，区域之广，为害之烈，第积历代盐弊渊薮。盐私之根本，即“贩私之源”本于专卖对盐业经营的封建垄断，而私盐之泛滥则踵于官之自践盐法。食盐与产私反映了消费者与生产者作为交换商品的双方要求等量劳动互补，以维持简单再生产的必然经济要求。广大人民敢于“扞法食私”，实乃“舍贱买贵，人情所难”①。食盐生产者蔑法售私，因以“灶户交盐不得值，非透私无以为生”②。但在“举足挂纲，摇手触禁”的引法苛律下，大规模私盐要跨越专卖渠道从盐场进入消费者手中，不借助于相当权势是根本办不到的。包世臣罗列众多私盐名目，其实起决定作用的不外商私、官私和枭私三类。其中，究其规模最大者，“莫盛

---

① 贺长龄：《皇朝经世文编》卷五零，朱栻“请定盐法疏”。

② 包世臣：《安吴四种》卷三，《庚辰杂著五》。

于商所自贩之私”；究其性质之严重，影响之恶劣，而以“官私为害尤钜”[①]。

3. 对征收流转税的理论依据进行探讨的思想

本时期对征收流转税的理论依据分别从“人各尽其能”、扩大财源、反对抑商等角度进行了阐述，无论是论证的广度，还是深度都为前代思想家所不及。且思想家在阐述自己观点的同时，都将对流转税的征收同重视商业功能联系了起来，对封建官府一味苛征流转税进行了批判，认为那是对商业的残害，最终将不利于整个国民经济的协调发展。这充分说明了流转税思想发展至清代，已经从过去那种更多出于财政考虑而转向注重其经济调节功能，尽管思想家仍从流转税会增加封建官府的财政收入出发来论证对其征收的合理性，但占主流的是看到了流转税与商业功能发挥之间的关系，同时意识到商业乃至整个商品经济与农业、工业等其他经济部门之间的辩证统一关系，继而提出了合理征收流转税的重要意义。这些观点和主张的提出，显然同商品经济发展的客观要求是一致的，所以说，它们同商品经济的发展具有趋同性。

二、本时期流转税思想对封建统治者意志的体现

这主要是指以下流转税思想：

1. 关市税的财政征收思想

尽管关税思想在本时期完成了由财政关税思想向保护关税思想的转变，而市税思想也越来越向规范化的营业税思想方面过渡，但封建官府在关市税的征收实践中，仍然深深隐含了财政掠取的政策与制度指导思想。如对关市税更多税目的设计，尤其是厘金税的开征，便深刻地体现了封建统治者的这一阶级意志。而有关对开征厘金税的批判言论也很多，如王韬曾认为“厘卡官员设卡增局，是为满足私欲，使怨归于上，利归于下。厘金抽税加厘无微不至，加重商人负担，……”[②]。郑观应在《厘捐》中更是痛斥厘金兴办

① 《清史稿》卷一二三，《食货·盐法》。

② 《弢园尺牍》卷二，《与杨醒通》。

以来的弊端，他说：“厘抽十文，国家不过得其二三，余则半饱私囊，半归浮费”，且遇卡抽厘是中国商务不得振兴的重要原因：“或谓内地商务所以不振者其弊有三：（一）厘卡日增；（二）商贩成本加重；（三）卡丁差吏额外需索……”[①]由于统治者一味掠夺厘金税，既阻碍了国内商品的流通，也阻碍了商品的生产，这样，厘金便打击了国内共商业的发展，从而为外国资本主义经济侵略提供了可乘之机。所以，郑观应主张“厘捐一日不撤，商困一日不苏”[②]。从这些思想言论中，我们可以看出，封建官府出于筹措军饷的财政目的，是丝毫不顾商品经济发展的客观要求的，这体现了关市税思想顺应封建统治者意志的一面。

2. 消费税征收过程中对商人获利的制约思想

仍以食盐消费品为例，清代食盐专卖，主要以商人为经营主体，这就涉及政府与盐商之间利益关系的调节问题。封建专卖总体上是以抑商为核心。传统抑商政策，具有配套的完整财经措施，其中包含有“诱商通货”的重要调节机制，甚至以之为前提。康熙曾对商榷方针专门谕示：“不可专以税额为事，若立意取盈，商贾不至，与禁止何异？”[③]康雍乾之际，统治秩序稳定，社会经济有较快发展，比较认真执行“恤商裕课”的方针，对盐商给予较多优惠。《归云楼集》卷七称：“万户鱼盐供国税，一川风月属盐商”，生动地概括了官商间制约而又依附互利的关系。但由于盐商的豪富建立于封建特权之上，盐业资本的积累过程必然要推动商人的封建化。“官以商之富也而朘之，商以官之可以护己而豢之。在京之缙绅，往来之名士，无不结纳。甚至联姻、排除言路、占取鼎甲，凡力所能致此者，皆以贿取之。”[④]即使在清代前期盐商号称鼎盛之际，迅猛积累的盐业资本也主要迂回于盐商自身的奢侈消费与宫廷官场应酬之间，资本正常循环所必需的规模和向产业资本的转

① 郑观应：《盛世危言·商务二》。

② 郑观应：《盛世危言·厘捐》。

③ 《清圣祖实录》卷二零七，第2779页。

④ 同治《两淮盐法志》卷四四，《人物·才略》。

移受到了严格遏制。乾嘉之后，随着政治环境恶化，“恤商裕课”机制削弱，抑商功能强化。官持刀俎，商为鱼肉。频繁巨额的捐输，沉重的帑息，苛虐的摊派，严重损害盐商利益甚而危及其正常经营活动。

这充分说明只要是在封建政权统治下，便不会有真正而持久的“恤商”消费税政策，即使统治者意识到“恤商”的重要性并将其贯穿在政策中，它最终必然会面临商业资本的壮大和封建自给自足经济基础之间的深刻内在矛盾，统治者必然为维护自身利益而采取压制商业资本进一步发展的措施，本时期引岸制度的破坏和既而代之的票盐制度的不得力，都是在这一矛盾下发生的。同时也说明，只要处在封建政权统治下，这一矛盾便得不到根本地解决。所以，本时期的消费税政策思想，尽管在主观上体现了封建统治者的意志，但在客观实践中，这一意志显然是越来越呈现出其极端的脆弱性。

总之，本时期的流转税思想反映了封建制度末期深刻的社会矛盾，即商品经济的发达要求流转税体现其社会调节的经济功能，而封建统治的经济基础又要求其体现财政搜刮的主要职能。最终这一矛盾愈演愈烈，它预示了一场新的伟大的社会变革的到来。

总论 中国古代流转税思想总考察及当代流转税制改革思考

所谓流转税，从现代意义上讲，是指以流转额为课税对象的税收形式。这里的流转额通常包括两个部分：一部分是商品流转额，如企业的商品销售额；另一部分是非商品流转额，如交通运输业、邮电通信业以及服务行业的营业收入额。现行流转税制主要是由增值税、消费税、营业税、关税等具体税种组成。根据流转税的内涵及其理论，在中国古代（约公元前 1066～公元 1911 年）属于流转税范畴的主要有关税、消费税和营业税。

第一节 对中国古代流转税思想的总考察

纵观中国流转税的发展历程，自西周时期就已存在了关市税和山泽税，在漫长的古代历史时期，流转税历经变迁，自形式至内容都发生了深刻的变化。而这一历史进程中所体现出的流转税思想的演变轨迹，涵括古代思想家们关于流转税的精辟论述以及古代流转税政策、制度的变迁规律，这无疑是中国传统经济思想的宝贵财富，对其进行梳理，首先是对现当代税收理论的丰富，具有重要的理论意义；同时，目前我国正处于经济发展和转轨的重要时期，深入研究古代流转税思想，结合具体历史背景挖掘流转税在古代运行的一般规律和方法，对建立当代流转税的理论分析框架和政策制度体系，对我国现实经济和流转税制改革无疑会提供有益的思想资源及方法借鉴，因而具有重要的现实意义。

流转税思想在中国古代社会经历了漫长的演变，无论是流转税诸税种思想的演化，还是整个流转税制思想的变迁，都是商品生产和商品流通不断发展的必然结果，思想脉络的背后是中国古代奴隶社会和封建社会商品经济的发展历史。这也是由流转税本身固有的征税特征所决定的，商品生产和商品流通决定着对商品流转额征税的主要内容，对什么商品征税，对什么商品交易行为征税，当然与一定的商品生产和商品流通密切相关；就是应采取哪一种征收制度与征收方法等，也无一不同客观的具体经济条件相联系。同时，对流转额征税，也要反作用于商品生产和流通。这种影响作用，既有积极的一面，也有消极的一面。

除了商品生产和商品流通这一决定性因素外，漫长的中国古代社会流转税征税的实践也是推动流转税思想发展、演化的重要因素，而纵观流转税发展历程，历经沧桑变迁，从形式至内容都发生了深刻的变化，大致可归纳为以下几个方面：

1. 形式改变

形式改变是指流转税在发展过程中，适应经济环境变化发生的税种形式变化。在中国古代，西周时期就有了关市税和山泽税等流转税，且当时的关市税往往被合称为“关市之征”，所以思想家在论述时也往往将二者放在一起进行探讨。其后的历史时期，关税和市税便逐渐分离，在分离的同时，各自在形式上又经历了演化的过程，如关税由内部关税，至内部和外部关税并存，再至以外部关税为主；市税在秦汉时期为“市租”，在魏晋南北朝时期为“估税”，在唐朝为“除陌钱”，在宋元时期为“住税”，至明清时期则越来越规范，为交易税或营业税。消费税的形式也经历了一个由盐、酒、茶等专卖品收入向盐税、酒税、茶税等规范形式的转变。

流转税具体税种形式的改变，反映出中国古代流转税发展由繁至简，趋向统一、规范的历史特点。正是在此基础之上，古代思想家对流转税的探讨，在内涵和外延上越来越趋于一致。

2. 制度创新

流转税在古代的发展不但表现在形式改变上，也反映在制度创新上，即通过制度创新来适应具体历史时期的客观经济要求。如对关市税的征收由早期的主要是地方性行为至宋代的国家制度化、合法化，便是一关市税制度的创新，通过这一创新，体现出封建政权愈加重视财政收入的征收目的；消费税的征收由最初的"寓税于价"向"一切通商"，向二者并行，再向开中制度、纲法、票盐法等变通方式的演变，也反映出封建统治者千方百计地通过流转税制度的创新来维护其封建收入的真实目的。

所以，流转税制度的创新是对于流转税思想在中国古代各历史时期呈现不同时代特点的另一诠释。

3. 结构调整

这要从两个方面进行剖析：一方面，在中国古代，流转税在整个国家税制结构中不占有主导地位，代之的是传统直接税，尤其是农业土地税，但总体来说，流转税在封建国家财政中的地位却呈现出不断上升的趋势，尤其至封建社会末期；另一方面，在流转税制结构内部，封建社会前期消费税占主导地位，是封建国家流转税收入的大宗，而至封建社会后期，则以关税为主，这种税制结构的客观调整，反映出封建政权在流转税领域内干预力度的逐渐弱化，当封建政权干预能力处在上升时期时，自然倚重于"寓税于价"的消费税作为流转税的主要收入；当封建商品经济的发展冲击到封建政权基础——自给自足的自然经济时，封建统治者一方面不得不放弃对消费品商业利润的完全占有，采取一些官商分利的妥协政策，从而降低了消费税在流转税中的比重；另一方面加紧增设其他流转税税目，极尽其赤裸裸的搜刮之能事，最便捷的方式当然是开设内部关税的税目，尤其是厘金制度的出台，终于使关税收入代替消费税收入在整个流转税收入中占了主导地位。

因此，中国古代流转税制结构的变化、调整，反映了经济结构发展变化对税制结构的内在要求，同时也说明了古代流转税思想由封建社会前期向后期演化的客观背景。

4. 职能转换

税收职能可概括为资源配置、收入分配和经济稳定三大职能，并分别实现效率、公平和稳定三大政策目标。流转税作为税收体系中不可分割的组成部分，具有上述税收的共同职能和目标。然而不同类型的税种由于自身特点，更由于所处的制度环境，也应有不同的职能和目标侧重。在中国古代，奴隶制政权和封建制政权的特质，决定了流转税的主要职能是财政收入职能。但我们不能因此抹灭流转税收在特殊的历史时期、特殊的经济背景下所具有的其他职能，比如收入分配、调节产业结构等职能。且随着中国古代社会的演进，流转税职能也经历了一个转换的过程，由单纯重视其财政收入职能，至兼顾其它职能。这反映在流转税思想方面，主要指有不少的思想家越来越重视以流转税作为调节经济的手段，发挥其杠杆作用。如关税思想由政治关税、财政关税向保护关税的演变，便深刻地体现了关税内在职能的转换。

纵上，中国古代流转税思想的演变，一方面反映了古代商品生产和商品流通不断发展壮大的客观经济事实；另一方面也体现了古代征收流转税的实践由形式至内容发生的深刻变化，在此作一总考察。

第二节 中国流转税制改革的现实思考

中国长期实行以流转税为主体的税制结构体系，进入20世纪90年代年代以来，间接税占税收收入比重达70%左右。[①] 那么中国为什么会选择这样一种税制结构，是税政立法当局的主观意志，还是客观经济条件的内在要求，类似这样一些问题并不能从税制本身加以说明，而必须从中国经济发展和转轨时期这一客观条件和历史背景加以把握。中国既是一个发展中国家，又处于重要的经济转轨时期，因此，中国经济具有发展经济和转轨经济的双重经济特征。尤其是转轨经济，在经济体制运行方式和产业结构等方面发生着急剧的变化，具体表现为由计划体制向市场体制转变，由封闭经济向开放经济转变，由传统经济向现代经济转变三个方面。

① 参见《中国税务百科全书》，经济管理出版社1991年版。

而发展中国家同发达国家相比，在税制上的最大差异是：发展中国家普遍形成了以流转税为主体的税制结构，而发达国家大都是以直接税为主体的税制结构；发展中国家在经济转轨时期的税制改革主要是流转税制改革，而发达国家在经济成熟时期的税制改革主要是直接税制改革，这并不是偶然的巧合，而是发展和转轨经济的内在要求和必然结果。

这样，现实的流转税制演变依然是在形式改变、制度创新、结构调整和职能转换四个基础之上的进一步深化。既然我国当代征收流转税的实践并没有割断历史，那么，当前的流转税制改革从过去，尤其是古代社会汲取合理的思想因素便符合历史与经济发展的客观规律。具体从以下几个方面进行分析：

1. 关税制度建设方面

关税思想在中国古代经过了从政治关税、财政关税向保护关税的漫长演变，而其中占主导地位的是财政关税思想，应该说封建统治者因注重关税的财政征收职能而实施的关税政策，以及思想家出于扩充税源、增加国家财政收入的角度探讨关税问题，都是有其合理的时代经济背景的，无论是先秦时期墨子对征收关税的合理性论证，还是其后各历史时期封建官府征收财政关税的实践，都验证了这一点。但这一思想的缺陷和消极影响亦很明显，主要表现为在封建政权的时代背景下，关税征收环节的弊端是不可避免的，封建统治者往往凭借手中的特权大肆搜刮，给百姓带来深重灾难，对商品经济的发展也会造成负面的制约影响，尤其是到了清朝末年，对关税的肆意掠取严重破坏了国内商品生产和流通，遏制了资本主义生产关系的进一步发展，加诸资本主义国家的入侵，终于导致了保护关税思想的产生，郑观应、马建忠等人在保护关税方面的观点主张，尤其是通过关税这一经济杠杆来保护国内新兴工业的核心思想，对于当前的关税制度建设无疑仍具有重要的意义。

从关税建设的长远发展考虑，应该降低关税税率，消除关税和非关税壁垒。20 世纪 90 年代，中国加快了对内改革，对外开放，同国际接轨的步伐。适应这种改革、开放的趋势和要求，中国以较大的幅度降低关税税率，逐步消除关税和非关税壁垒。但是从国际比较来看，中国关税的平均税率和实际保护率都比较高，而且，中国加入世贸组织承诺了要降低关税，消除关税和非关税壁垒。同时，中国从 20 世纪 80 年代起，为实现由进口替代型外贸发展战略向出口导向型外贸发展战略转换，在全国建立起了大量的经济特区、出口加工区、保税区以及保税工厂、保税仓库等保税业务，给予出口加工企业一定的关税和非关税优惠，以减轻出口加工企业的关税税负，简化关税手续，促进对外贸易的发展。这种以重视关税的调节、保护功能，以关税优惠为主要政策内容的出口导向型的外贸发展战略将随着中国对外开放步伐的加快而得到更加强劲的发展。

2. 营业税制度建设方面

营业税思想在中国古代经历了一个逐渐规范的漫长演变，且出现了许多宝贵的制度主张，比如将征收营业税同管理市场有机结合的制度思想，营业税负担由买方、卖方共同负担的思想，革除营业税征收过程中采用包税制弊端的思想，用商业原则开辟财政收入来源的“除陌钱”思想，用较低的营业税税率刺激商业发展的思想，以营业税来通行钞法的思想，这些思想财富对于当前的营业税制度建设起着重要的启示作用。

尤其是，随着中国经济结构的调整，第三产业在中国产业结构中的地位比重提高，营业税的收入也将有一个较大幅度的增长。对营业税的制度设计就显得更为重要了。但当前的营业税范畴毕竟不完全等同于古代社会，而营业税制度建设的着眼点也在于发挥营业税的杠杆调节功能，尤其是营业税税率的设计必须遵循以下三个原则：发挥税收的奖限作用，合理调节消费；有利于搞活商品流通，稳定市场物价；有利于组织财政收入，为国家更好地积累建设资金。

3. 消费税制度建设方面

消费税思想在中国古代经历了由“寓税于价”至“通商”的漫长演变，联系当前的消费税制度，对这一思想脉络作一综合考察，便会发现中国古代消费税思想的发展变化是奴隶制和封建制经济的必然结果，而历史发展至社会主义阶段，客观政治、经济环境已发生了根本的转变，很难再用古代的消费税思想来直接指导当前的消费税改革。但是,这并不意味着古代的流转税思想对当代的消费税改革完全失去了借鉴意义,像古代思想家所提出的有关消费税征收过程中的重复课税现象和税负转嫁现象,从某种角度来说,则恰恰是当代减少消费税、扩大增值税这一政策意向的理论前提,正是由于消费税所固有的重复课税、易转嫁缺陷,才会严重干扰税收功能的正常发挥,不利于发挥税收的中性作用,从而带来市场运行效率的损失。

所以,从消费税制建设的长远发展考虑,应该缩小征税范围,调整税率结构。中国1994年的消费税制改革,是把消费税作为实行增值税的一个必要补充,或辅助税种来设置,是对消费品的生产征税,即采取了消费税和增值税相结合的模式,这样做的目的是为了使税制更趋于中性。由于理想的增值税具有中性税收的特征,不但有利于取得稳定的税收收入,而且,能在市场经济有效运行的前提下对市场所决定的经济资源配置较少干预,以减少市场运行的效率损失。而消费税则具有非中性税收的特征,在市场经济运行低效或无效的前提下,能够通过对市场所决定的经济资源配置的干预或调节,来改善市场资源配置,提高资源配置效率。所以,当前的消费税改革是为了配合增值税制改革。

从长远来看,随着价格的进一步改革,消费税的转嫁机制逐步形成,消费税应从调节生产转为调节消费,从平衡产品利润转为促进间接税的累进征收,并依此作为调整消费税税率结构和征税范围的主要依据。

4. 流转税征收管理制度建设

流转税征收管理思想在古代亦很丰富,如先秦时期的《管子》对关税、市税在流转税制结构中的冲突作了分析,这对于当前设计流转税内部结构问题无疑具有借鉴意义。而中国古代有关流转税征收过程中贯穿的包税制思想,也从另一个角度反映出,流转税的征收是有成本的,为了降低流转税的征收成本,封建政权采取的是往往给百姓加重税收负担的包税制、买扑制,这在当代改革流转税征收管理制度时固然不可取,但从侧面指明了方向,即在市场经济运行条件下,设计流转税征收管理制度时要遵循低成本原则,这也是符合提高流转税征管效率方针的。同时,中国古代流转税征管所体现的法治思想，对当前加快流转税乃至整个税收体系方面法律制度的健全和完善，也具有启示作用，通过外部法制规范和管理，有利于控制税源，减少税收流失。

总之，中国古代的流转税思想不仅在古代具体历史时期产生了深远的影响，即使是对当代流转税制改革也具有重要的借鉴和启示作用。

参考文献

[1] 坂入长太郎. 欧美财政思想史[M]. 北京：中国财政经济出版社，1987.

[2] 鲍晓娜. 从唐代盐法的改革论禁榷制度的发展规律[J]. 中国社会经济史研究，1982，2.

[3] 陈长华. 抑商质疑——兼论中国古代的赋税制度[J]. 史林. 1995，2.

[4] 陈高华. 元代的酒醋课[J]. 中国史研究，1997，2.

[5] 陈高华. 元代商税初探[J]. 中国社会科学院研究生院学报，1997，1.

[6] 陈明光. 唐代'除陌'释论[J]. 中国史研究，1984，4.

[7] 陈明光. 唐五代'关市之征'试探[J]. 中国经济史研究. 1992，4.

[8] 陈明光. 六朝财政史[M]. 北京：中国财政经济出版社，1997.

[9] 陈明光. 唐代财政史新编[M]. 北京：中国财政经济出版社，1991.

[10] 陈衍德. 唐代专卖收入初探[J]. 中国经济史研究. 1988，1.

[11] 程永昌. 国际税收学[M]. 北京：中国税务出版社，1998.

[12] 戴静华. 宋代商税制度简述[J]. 宋史研究论文集[M]. 上海：上海古籍出版社，1982.

[13] 戴一峰. 论晚清的子口税与厘金[J]. 中国社会经济史研究，1993，4.

[14] 邓子基. 比较财政学[M]. 北京：中国财政经济出版社，1987.

[15] 丁孝智. 中国封建社会抑商政策考辨[J]. 社会科学战线，1997，1.

[16] 杜来梭. 唐代"除陌"商探[J]. 中国史研究，1991，2.

[17] 高敏. 魏晋南北朝的杂税之制[J]. 中国社会经济史研究，1990，3.

[18] 葛惟熹. 中国税收理论与政策[M]. 上海：上海财经大学出版社，1999.

[19] 谷儒堂. 简论马建忠保护关税思想[J]. 海关研究，1990，4.

[20] 国家税务局. 中国工商税收史[M]. 北京：中国财政经济出版社，1990.

[21] 韩明琴. 烟酒课税的理论依据及欧美日烟酒课税之比较[J]. 税务与经济. 1996,5.

[22] 何平. 清代赋税政策研究. 1644～1840[M]. 北京:中国社会科学出版社,1999.

[23] 胡寄窗,谈敏. 中国财政思想史[M]. 北京:中国财政经济出版社,1995.

[24] 胡寄窗. 中国经济思想史(三卷本)[M]. 上海:上海财经大学出版社,1998.

[25] 胡怡建. 转轨经济中的间接税——理论分析和制度设计[M]. 北京:中国财政经济出版社,1995.

[26] 黄今言. 秦汉末业税问题的探讨[J]. 江西师范大学学报(哲学社会科学版),1985,1.

[27] 加藤繁. 中国经济史考证[M]. 吴杰,译. 北京:商务印书馆,1963.

[28] 姜晓萍. 明代商税的征收与管理[J]. 西南师范大学学报》(哲学社会科学版),1994,4.

[29] 姜晓萍. 明中后期对商税官的监察和管理[J]. 中国史研究. 1996,3.

[30] 蒋晓伟. 中国经济法制史[M]. 北京:知识出版社,1994.

[31] 李传印. 叶适对儒家传统财政思想的批判. 安庆师范学院学报(社会科学版),1999,3.

[32] 李根蟠. 春秋赋税制度及其演变初探. 中国史研究. 1979,3.

[33] 李华瑞. 试论宋代工商业税收中的祖额. 中国经济史研究. 1999,2.

[34] 李华瑞. 宋代酒课的征收方法析论. 河北学刊. 1993,2.

[35] 李嘉图. 政治经济学及赋税原理[M]. 郭大力,等,译. 北京:商务印书馆,1962.

[36] 李九龙. 西方税收思想[M]. 大连:东北财经大学出版社,1992.

[37] 李龙潜. 明代税课司、局和商税的征收[J]. 中国经济史研究,1997,4.

[38] 李万甫. 商品课税经济分析[M]. 北京:中国财政经济出版社,1998.

[39] 李炜光. 中国财政史述论稿[M]. 北京:中国财政经济出版社,2000.

[40] 李晓. 论宋代的茶商和茶商资本[J]. 中国经济史研究,1997,2.

[41] 李新春. 十九世纪改良派"裁厘加税"思想论述[J]. 中山大学研究生学刊(社会科学版),2002,4.

[42] 梁晓钟,马志伟. 关税政策的历史演进及其博弈分析[J]. 东南学术,2000,3.

[43] 林立平. 唐宋时期城市税收的发展[J]. 中国经济史研究,1988,4.

[44] 林葳. 明代钞关税收的变化与商品流通[J]. 中国社会科学院研究生院学报,1990,3.

[45] 凌大珽. 中国茶税简史[M]. 北京：中国财政经济出版社，1986.

[46] 刘佛丁，等. 工商制度志[M]. 上海：上海人民出版社，1998.

[47] 刘景纯. 从商鞅及其学派的思想看秦国的抑商[J]. 西安联合大学学报，2001，1.

[48] 刘明远. 财政学[M]. 北京：中国财政经济出版社，1995.

[49] 鲁子健. 清代食盐专卖新探[J]. 中国经济史研究，1992，3.

[50] 陆建伟. 秦汉时期市籍制度初探[J]. 中国经济史研究，1999，4.

[51] 马伯煌. 中国经济政策思想史[M]. 昆明：云南人民出版社，1993.

[52] 马大英. 汉代财政史[M]. 北京：中国财政经济出版社，1983.

[53] 马国强. 税收学原理[M]. 北京：中国财政经济出版社，1991.

[54] 马海涛. 中国税制[M]. 北京：中国人民大学出版社，2001.

[55] 蒙文通. 从宋代的商税和城市看中国封建社会的自然经济[J]. 历史研究，1961，4.

[56] 宁志新. 试论唐代市舶使的职能及其任职特点[J]. 中国社会经济史研究，1996，1.

[57] 欧阳卫民. 中国消费经济思想史[M]. 北京：中共中央党校出版社，1994.

[58] 彭雨新. 清代关税制度[M]. 武汉：湖北人民出版社，1956.

[59] 平新乔. 财政原理与比较财政制度[M]. 上海：三联书店上海分店，1992.

[60] 漆侠. 中国经济通史，宋代经济卷[M]. 北京：经济日报出版社，1999.

[61] 斯蒂芬，R，小刘易斯・寻求发展的税收：原则与运用[M]. 解学智，郭庆旺，译. 北京：中国财政经济出版社，1998.

[62] 孙翊刚，李渭清. 中国财政史参考资料[M]. 北京：中央广播电视大学出版社，1984.

[63] 孙翊刚. 中国财政史[M]. 北京：中央广播电视大学出版社，1984.

[64] 谈敏. 中国财政思想史教程[M]. 上海：上海财经大学出版社，1999.

[65] 汤标中. 李觏"一切通商"的商业观[J]. 河南商学院学报. 1998，5.

[66] 唐任伍. 唐代经济思想研究[M]. 北京：北京师范大学出版社，1996.

[67] 唐文基. 明朝对行商的管理和征税[J]. 中国史研究. 1982，3.

[68] 陶用舒. 陶澍"盐课商办"述评[J]. 盐业史研究，1996，2.

[69] 王成柏，孙文学. 中国赋税思想史[M]. 北京：中国财政经济出版社，1995.

[70] 王诚尧. 国家税收[M]. 北京：中国财政经济出版社，1988.

[71] 王刚. 汉代市租新探(经济史)[J]. (人大报刊复印资料)，2001，2.

[72] 王者. 中国古代财政史[M]. 财贸学院，1981.

[73] 巫宝三. 唐代重商思想的兴起[J]. 中国经济史研究，1997，3.

[74] 吴慧. 中国古代商业史(1、2册)[M]. 北京:中国商业出版社,1983.

[75] 吴慧. 中国古代商业政策十二讲. [M]. 北京:中国商业出版社,1981.

[76] 吴松等. 中国农商关系思想史稿[M]. 昆明:云南大学出版社,2000.

[77] 吴旭东. 税收管理[M]. 北京:中国人民大学出版社,2001.

[78] 吴兆莘. 中国税制史[M]. 北京:商务印书馆,1998.

[79] 项斌. 中国古代财政思想史稿[M]. 北京:中国财政经济出版社,1993.

[80] 许建国,蒋晓惠. 西方税收思想[M]. 北京:中国财政经济出版社,1996.

[81] 许善达. 中国税收负担研究[M]. 北京:中国财政经济出版社,1999.

[82] 薛宗正. 明代盐商的历史演变[J]. 中国史研究. 1980,2.

[83] 杨师群. 宋代的酒课[J]. 中国经济史研究. 1991,3.

[84] 杨师群. 宋代榷酒中的买扑经营[J]. 学术月刊,1988,11.

[85] 殷崇浩. 中国税收通史[M]. 北京:光明日报出版社,1991.

[86] 俞政. 严复赋税思想述论[J]. 福建学刊,1997,4.

[87] 曾国祥. 税收学[M]. 北京:中国税务出版社,2000.

[88] 曾兆祥. 中国封建社会的轻商思想和抑商政策[M]. 北京:中国商业出版社,1983.

[89] 詹姆斯,布坎南. 公共财政学[M]. 赵锡军,张成福,译. 北京:中国财政经济出版社,1991.

[90] 张邻,周殿杰. 唐代商税辨析[J]. 中国社会经济史研究,1986,1.

[91] 张邻. 唐代封建政府对商贾的政策及其影响[J]. 中国社会经济史研究,1984.

[92] 张全明,雷信泽. 论元代赋税课管中的违法处罚[J]. 华中师范大学学报,1994,1.

[93] 张全明. 论宋代税收中的违法处罚[J]. 江汉论坛,1991,6.

[94] 张守军. 荀况的赋税思想[J]. 山东师大学报,1992,2.

[95] 张守军. 郑观应的财政思想[J]. 北京财贸学院,1986,3.

[96] 张守军. 中国古代的赋税与劳役[M]. 天津:天津教育出版社,1991.

[97] 张馨,等. 当代财政与财政学主流[M]. 大连:东北财经大学出版社,2000.

[98] 张研,李建渝,武力. 中国经济法制史[M]. 北京:中国审计出版社,1992.

[99] 张泽咸. 唐代工商业[M]. 北京:中国社会科学出版社,1995.

[100] 赵靖. 中国经济思想通史(1-4卷)[M]. 北京:北京大学出版社,1997.

[101] 郑学檬. 五代十国的杂税[J]. 中国经济史研究,1984.

[102] 郑学檬. 中国赋役制度史[M]. 上海:上海人民出版社,2000.

[103] 中国财政史编写组. 中国财政史[M]. 北京：中国财政经济出版社，1987.

[104] 周伯棣. 中国财政思想史稿[M]. 福州：福建人民出版社，1984.

[105] 周道生. 论西周至西汉中叶赋税思想的发展[J]. 求索，1995，3.

[106] 朱荣，史达. 论我国关税职能的历史变迁及其国际比较[J]. 税务与经济，1999，3.

[107] 朱淑娣. 清代海关的“政治关税”特点、成因及其教训[J]. 法商研究，2000，4.

[108] 朱为群. 消费课税的经济分析[M]. 上海：上海财经大学出版社，2001.